영상 디자인과 AI 플랫폼

인공지능총서

인공지능 시대입니다. 기계가 인간의 인지를 대신하고, 사물이 인간을 통하지 않고 다른 사물과 직접 커뮤니케이션합니다. 이에 따른 인간 삶과 문명 변화를 정확히 이해·예측·대응하는 것은 이 시대 우리 모두의 과제입니다. 인공지능총서는 인공지능 기술과 환경의 여러 주제를 10가지 키워드로 정리합니다. 관련 개념과 이론, 학계와 산업계의 쟁점, 우리 일상의 변화를 다룹니다. 인간과 기술의 현재, 미래를 세심히 분석합니다.

일러두기

- 인명, 작품명, 저서명, 개념어 등은 한글과 함께 괄호 안에 해당 국가의 원어를 병기했습니다.
- 외래어 표기는 현행 어문규정의 외래어표기법을 따랐습니다.

처음이세요?

전문가세요?

영상 디자인과 AI 플랫폼

문지웅

대한민국, 서울, 커뮤니케이션북스, 2025

영상 디자인과 AI 플랫폼

지은이 문지웅
펴낸이 박영률

초판 1쇄 펴낸날 2025년 8월 25일

커뮤니케이션북스(주)
출판 등록 2007년 8월 17일 제313-2007-000166호
02880 서울시 성북구 성북로 5-11
전화(02) 7474 001, 팩스(02) 736 5047
commbooks@commbooks.com
www.commbooks.com

ISBN 979-11-430-0744-5 03500

책값은 뒤표지에 표시되어 있습니다.

차례

AI를 통한 영상 디자인, 그 가능성에 대한 고찰

우리는 지금 창작의 패러다임이 급격히 변화하는 시대에 살고 있다. 기술의 발전은 언제나 창작자의 도구와 표현 방식을 확장해 왔지만, 생성형 AI의 등장은 그 이상의 변화를 예고하고 있다. 이제 AI는 단순한 보조 도구를 넘어, 창의적 과정의 일부로 깊숙이 자리 잡으며 새로운 가능성을 열고 있다.

AI와 영상 디자인, 창작의 경계를 허물다

기술은 시대마다 끊임없이 발전하고, 그에 따라 창작의 과정과 형태 또한 큰 변화를 겪어 왔다. 특히 미디어와 광고는 언제나 서로의 발전을 견인하며 공생해 왔다. 아날로그 시대의 4대 매체인 TV, 라디오, 신문, 잡지가 디지털 시대로 접어들며 다양화한 온·오프라인 광고의 흐름에 영향을 받았듯이 오늘날 생성형 AI의 등장은 영상 디자인과 광고 산업 전반에 걸쳐 또 다른 혁신의 바람을 불러일으키고 있다.

영상 디자인 분야에서 생성형 AI는 아이디어 발상부

터 최종 결과물에 이르는 모든 과정에서 창작자들에게 새로운 가능성을 열어 준다. AI는 반복적이고 기술적으로 복잡한 작업을 효율화할 뿐만 아니라, 창의적 과정의 일부로 자리 잡으며 창작자들에게 다양한 방법으로 무한한 영감을 제공한다. 이러한 변화는 단순한 생산성 향상을 넘어, 창작자의 본질적 역할 중 '문제 해결을 위해 아이디어를 탐구하고 감성을 표현'하는 데 집중할 수 있게 돕는다. 이제 창작자는 단순한 기술적 장벽을 넘어, AI와 협력하며 높은 생산성을 바탕으로 더욱 실험적이고 다양하고 과감한 시도로 새로운 영역을 개척해 나갈 수 있다. 그러나 기술 발전의 물결 앞에서 기대와 우려는 늘 공존한다. 딥러닝을 기반으로 하는 창작물은 기존 작품의 학습을 닮아 원작자의 독창성 침해 위험이 있으며 이러한 저작권 및 윤리 문제, 더 나아가 AI가 디자이너의 일자리 감소와 디자이너의 역할 변화에 대한 목소리도 들린다.

영상디자인 전공 학생들을 지도하는 입장에서 보면, 생성형 AI의 보편화는 창작 교육의 방향성에 우려스러운 면이 있다. 학생들은 창작 과정에서 필수로 습득해야 할 기초 디자인 역량과 제작 도구에 대한 이해보다, 즉각적인 결과를 제공하는 AI 기반 도구에 의존하려는 경향이 두드러진다. 이러한 현상은 문제 해결 능력과 창의적 사고력 약화를 초래할 수 있으며, 독창성을 기반으로 한 인간 고유의 표현 역량이 위축될 가능성도 존재한다. 그러나 이러한 변화 앞에서 우리가 주목해야 할 것은 기술 발전에 대한 막연한 두려움이 아니라, 그 가능성을 성찰하고 적극적으로 이해하려는 태도다.

AI는 창작자를 대체하는 존재가 아니라, 창작자의 손끝에서 더 넓은 표현의 지평을 여는 보조 역할의 도구다. 창작자들은 AI가 제시하는 다양한 아이디어와 접근 방식으로 얻은 결과물에 '사람의 감각'을 더해 기존의 것들과 차별화한 새로운 창작의 방향을 모색할 수 있다. 이러한 형태의 AI와 협업으로 우리는 더욱 풍부하고 창의적인 결과물을 만들 수 있다.

인공지능의 발전은 인류의 과학기술 역사와 함께해 왔다. AI 연구의 초기 황금기라 불렸던 1960년대에 AI는 사람이 정의한 규칙에 따라 결정을 내리는 규칙 기반 시스템에 의존해 특정 분야에서 제한된 가능성을 보였다. 이 시대 AI 관련 연구로 중요한 개념과 기술이 등장했고 이러한 시도는 현시대 AI의 등장을 가능하게 한 기술 발전의 초석이었지만, 동시에 한계도 명확했다.

이 시기 연구의 가장 큰 의의는 '인공지능'이라는 개

념이 본격적으로 도입되기 시작한 것이며 이때 AI(Artificial Intelligence)라는 용어가 처음 등장했다. 연구자들은 AI로 인간의 사고 과정을 모방하려는 연구를 진행했으며 이에 따라 AI로 문제를 해결하는 탐색 알고리즘을 개발했다. 예를 들어 AI를 이용해 체스나 퍼즐 같은 문제를 푸는 프로그램이 개발되었고, 탐색(Search) 알고리즘과 경로 찾기 같은 개념이 발전했다. 또한 규칙을 사용해 문제를 풀거나 논리적 추론으로 문제를 해결하는 시스템이 개발되었다. 이러한 개발은 모두 자율적 학습 시도의 일환이었으며 머신러닝의 초기 단계로, 기계가 데이터를 학습해 개선하는 방향이었다. 하지만 한계도 명확했는데 당시 컴퓨터는 성능이 너무 낮아서, 복잡한 문제를 풀기에는 계산 능력이 부족했다. 예를 들어 체스를 두기 위해 모든 경우의 수를 계산하려면 몇 년이 걸렸고 무엇보다 지금처럼 방대한 데이터를 다룰 수 없었으며 데이터에서 학습하는 개념도 미흡해 대부분의 AI는 미리 입력된 규칙을 따르는 수준이었다. 이러한 현실적인 문제들로 인해 초창기 AI 연구는 일반인을 위한 것이 아닌 전문가들의 영역이었으며 이후 연구는 한동안 침체기에 접어들었다. AI의 개념이 등장하고 핵심 기술의 토대가 마련된 이 시기 대표 사례로 1966년 조지프 와이젠

바움(Joseph Weizenbaum)이 개발한 일라이저(ELIZA)를 들 수 있다. 일라이저는 자연어 처리로 사람과 대화할 수 있는 초기 AI의 상징적 사례다. 지금처럼 데이터 학습을 통한 자율적 발전은 어려웠지만 일라이저는 사용자가 고민을 입력하면 이를 반복하거나 질문을 던지며 마치 상담사처럼 반응했다. 이는 인간과 기계 간의 상호작용 가능성을 열었고 현재 광범위하게 사용되는 챗봇의 발전에 큰 영향을 미쳤다. 이러한 초기 상징적 발전 과정을 거치며 2020년대에 들어 생성형 AI와 이를 활용하는 수많은 관련 플랫폼이 등장했다. 생성형 AI 기술은 인터넷으로 공유, 확산, 재생산되고 있으며 이 과정에서 AI 관련 분야의 발전 속도는 상상을 초월할 만큼 빠르며, 영상 제작에 필요한 기술 또한 끊임없이 변화하고 있다. 과거에는 수많은 시도와 시간을 들이던 인사이트와 결과물이 이제는 AI의 도움으로 단 몇 초 만에 생성된다. 이러한 변화는 창작자에게 도전임과 동시에 기회다. AI가 제공하는 도구와 기술은 창작자의 상상력을 한계 없이 확장해 주며, 이를 통해 우리는 더욱 정교하고 감각적인 작품을 만들 수 있다.

이 책은 영상 디자인 과정 중 아이디어를 바탕으로 영상을 기획하는 프리프로덕션(Pre-production), 촬영 또는 디자인과 모션 그래픽 과정으로 아이디어를 시각화하는 프로덕션(Production)과 이 과정으로 생산된 시퀀스를 정교하게 마무리하는 포스트프로덕션(Post-production) 과정을 거치는 전통 방식의 작업 파이프라인에서 생성형 AI를 활용하는 것에 대해 탐구하고 그 외에 프롬프트 및 사진, 이미지를 생성형 AI에 인풋하여 바로 최종 결과물을 얻는 과정과 그 결과물이 기존 파이프라인의 그것과 비교하여 실무에 활용이 가능한지를 중점적으로 다룬다.

이를 위해 필요한 기본적 영상 디자인과 생성형 AI의 정의, 그에 따른 변화, 영상 제작 현장에서 AI 활용의 의의 및 활용 사례를 제시한다. 생성형 AI를 창작 도구로 활용하기 위해 필요한 정의와 원리를 이해한다면 영상 디자인 제작 과정에서 창작자는 새로운 관점을 얻을 수 있다. 또한 생산성 측면에서 실제 촬영물이나 모션그래픽 등의 아웃풋을 위한 랜더링 과정 없이, 더욱 빠르고 정교한 결과물 얻을 가능성을 고민할 수 있을 것이다.

생성형 AI는 단순히 효율성을 높이는 기술이 아니라, 창작의 동반자로서 우리와 함께 성장하고 발전할 것이다. 현재 AI 기술이 어디까지 왔고, 앞으로 어떻게 변화하며 활용될 것인지 주목할 필요가 있다. 인간 기술의 정점과 예술이 만나는 지점에서, 우리는 어떤 미래를 그려 나갈 수 있을까? 이 여정이 여러분의 창작 세계에 작은 영감과 커다란 효율성을 더해 줄 수 있기를 바란다.

저서의 내용 설명과 목차

이 책은 생성형 AI를 바탕으로 영상 관련 콘텐츠를 제작하는 영상 디자이너들과 관련 학과 학생 등 영상 콘텐츠 창작 분야에 종사하거나, 동종업계에 꿈을 가진 이들을 위한 것이다.

영상 디자인이 무엇인지 그 정의와, 생성형 AI의 역할은 무엇이며, 변화하고 있는 영상 제작 현장에서 AI가 어떻게 활용되는지 현재 시장에 있는 영상 제작 AI 플랫폼의 장단점은 무엇인지 등을 알아보고 이를 활용하여 완성 결과물에 가까운 시퀀스를 제작하기 위한 기술과, 이러한 기술들은 어떠한 방향으로 발전될지 탐구한다. 또한 광고 콘텐츠 및 영상 제작 과정에서, 아이디어 구상부터 최종 편집에 이르기까지 생성형 AI가 창의적 파트너로서 어떤 역할을 할 수 있는지 살펴보고 AI가 창작자와 협력하여 작품을 만들어 내는 과정을 상세히 다룬다. 이를 통해 독자들은 AI가 광고 기획, 스토리보드 작성, 비주얼 생성, 편집 등 다양한 단계에서 어떻게 활용되는지 이해할 수 있을 것이다.

이 책은 단순히 AI 기술 소개에 그치지 않고, 독자들이 현업의 영상 디자이너가 속한 디지털 에이전시, AI의 활용, 플랫폼들의 영상 생성 원리를 이해할 수 있도록 어떠한 프로세스로 영상이 만들어지는지를 설명하며, 이를 바탕으로 AI로 결과를 만드는 행위 이면의 기술적 원리도 다룬다. AI는 창작자가 더 큰 상상력을 발휘하고 새로운 표현의 경지를 탐구할 수 있게 돕는 도구다. 창작자와 AI의 협력은 영상 디자인의 미래를 밝게 만들 것이다.

각 장에 대해 설명하자면 다음과 같다. 1장은 영상 디자이너의 정의와 AI가 바꾸어 놓은 현장에서의 실무 과정 중 필요한 능력과 디지털 에이전시에 대해 다루었다. 2장에서는 실무 현장에서의 AI 활용에 대해 전달하기 위해 디지털 에이전시 팀장 출신 영상 디자이너와의 질의응답 형식의 인터뷰를 실었다. 3장은 영상 디자인의 정의를 다룬다. 4장에서는 생성형 AI의 정의를 설명했다. 5장에서는 생성형 AI의 등장이 영상 콘텐츠 제작 분야에 어떠한 영향을 주었는지를 다루었고, 이어서 6장에서는 그 변화가 영상 제작 전 분야에 어떠한 영향을 미치는지 서술했다. 7장부터는 생성형 AI의 구체적 활용 사례 및 방법을 정리하였는데 구체적으로 7장에서는 생성형 AI

플랫폼의 영상 생성 원리를, 8장에서는 AI를 활용한 영상 제작 사례를 알아보고 9장은 영상 콘텐츠 제작을 위한 AI 활용 방법을 소개한다. 마지막으로 10장에서는 빠르게 발전하는 AI 활용에 고려되어야 할 사회, 도덕적 책임을 생각해 보고 세계 최초의 포괄적 AI 규제법을 알아본다.

AI는 지속적으로 발전하며 새로운 버전들이 등장할 것이다. 그 진행은 예상보다 빠르게 이루어질 것이며, 영상 제작 분야 전반에 걸쳐 근본적인 변화를 일으킬 것이다. 앞으로 AI 기술의 진화와 그 영향을 예측하고 현업에 어떻게 적용할 수 있을지 고민하는 분들에게 이 책이 작은 도움이 되기 바란다.

01
영상 디자인과 에이전시

영상 디자이너는 시각적 콘텐츠를 기획하고 제작하는 역할을 담당하며, 디지털 에이전시는 이러한 콘텐츠를 바탕으로 브랜드와 기업의 디지털 전략을 실행하는 전문 조직이다. 기술과 디자인이 결합된 환경 속에서 이들은 영상 기반 커뮤니케이션의 핵심 역할을 수행하고 있다.

AI와 1인 창업?

창작의 진화

영상 디자이너(Video Designer)는 영상 콘텐츠의 시각적 요소를 기획, 디자인, 제작하는 전문가다. 영상 콘텐츠를 만들고 디자인하는 직업을 표현할 때는 역할과 전문성에 따라 다양한 표현이 가능하다.

일반적으로 영상 제작자(Video Creator), 영상 디자이너라고 불리며 세부 역할에 따라 모션 그래픽 디자이너(Motion Graphics Designer), 멀티미디어 디자이너(Multimedia Designer), 시각 효과 아티스트(VFX, Visual Effects Artist) 등으로 나뉜다. 조직에서 디렉터 직책의 리더급은 크리에이티브 디렉터(Creatvie Director), 영상 아트 디렉터(Art Director)로 분류된다.

일반적으로 이들은 영화, 광고, 방송, 뮤직비디오, 게임, 공연 등 다양한 미디어에서 활동하며 광고 및 마케팅 분야에서는 브랜드 프로모션, 광고 영상을 제작하고, 방송 및 영화 분야에서는 타이틀 시퀀스, 자막을 포함한 인터뷰 그래픽, 특수 효과를 제작한다. 게임 및 애니메이션 분야에서는 게임에 포함된 UI(사용자 인터페이스)/UX(사용자 환경) 모션, 그래픽 효과, 캐릭터의 개발과 애니메이션까지 다양한 영상 관련 작업을 수행한다.

2000년대에 들어서 웹 및 UI/UX 디자인 분야에서도 인터랙션 디자인의 수요에 따라 영상 디자인 인력이 필요해졌다. 2010년이 넘어가며 성장한 소셜 미디어 콘텐츠 분야에 사용되는 짧은 애니메이션, 인포그래픽 비디오 등의 제작도 주요 업무 분야다. 이러한 다양한 산업군에서 활동하기 위해서 요구받는 기술과 역량 또한 다양하다.

기본적으로 영상 디자인 분야 직군의 대표 격인 모션 그래픽 디자이너(Motion Graphics Designer)는 디지털 기술을 활용하여 텍스트, 이미지, 일러스트, 3D 요소 등을 다루는데, 주어진 프로젝트의 목적과 메시지를 효과적으로 전달하기 위해 흐름을 계획하고, 장면별로 핵심 내용을 구성하는 스토리보드 제작을 시작으로 2D 및 3D 그래픽이나 이미지를 활용하여 시각적 요소를 제작하고 애니메이션 효과를 추가하거나 촬영 영상과 결합한다.

이후 사운드 스튜디오에서 제작되거나 스톡 사운드(Stock Sound)를 선택하여 프로젝트 성향에 어울리는 배경 음악, 효과음 등을 삽입하는 과정을 거치게 된다. 이러한 영상 제작 전 과정 중 디자이너 개인의 장점으로 부각되는 파트가 있겠으나 보편적으로 모션 그래픽 디자이너에게 필요한 역량을 정리하면 다음과 같다.

디자인 및 애니메이션 기술

영상 구현을 위해 필요한 기본 역량으로 디자인 및 애니메이션 기능에 대한 논리적 지식이 요구된다.

- 그래픽 디자인: 색상, 조형, 레이아웃에 대한 이해
- 애니메이션 원리: 키(Key) 값에 따른 오브젝트나 화면의 움직임, 타이밍, 트랜지션에 대한 이해
- 3D 디자인: 3D 모델링 및 랜더링 기술

소프트웨어 활용 능력

영상 제작을 위해 프로그램을 다루는 능력으로 영상 디자이너는 어도비(Adobe)에서 제공하는 프로그램을 주로 사용한다.

- 어도비 포토숍(Adobe Photoshop), 일러스트레이터(Adobe Illustrator): 그래픽 디자인 작업
- 어도비 프리미어 프로(Adobe Premiere Pro): 영상 편집
- 어도비 애프터 이펙트(Adobe After Effects): 모션 그래픽 및 애니메이션 제작
- 시네마 4D(Cinema 4D), 블렌더(Blender) 등: 3D 애니메이션 제작

창의력 및 문제 해결 능력

대부분 영상 프로젝트는 목적을 가지고 있다. 목적에 맞는 영상 연출과 적합한 디자인 설루션이 필요하다.

- 문제에 대한 이해
- 목적에 부합하는 구성과 연출
- 새로운 시각적 표현을 창조할 수 있는 창의력
- 창의력을 바탕으로 하는 디자인 설루션 제안

커뮤니케이션 및 협업 능력

영상 디자인 또한 커뮤니케이션 수단이다. 소통과 협업 능력이 제작만큼 중요하다.

- 고객 요구 사항을 정확히 이해하고 반영하는 능력
- 팀원들과 원활하게 소통하며 협업하는 능력

영상 디자이너는 스타일과 분위기를 조율하는 역할을 담당한다. 영상 디자이너는 단순한 편집자가 아니라 스토리텔링을 시각적으로 강화하고 감각적 연출로 메시지를 효과적으로 전달하는 역할을 한다.

디지털 에이전시와 영상 디자이너

대한민국의 디지털 에이전시는 1990년대 후반 인터넷이 본격적으로 보급되기 시작하면서 등장했다. 초창기에는 단순한 웹사이트 제작이나 배너 광고 디자인에 집중하는 웹 에이전시(Web Agency) 형태가 주를 이뤘으며, 클라이언트의 요청에 따라 HTML 기반의 웹페이지를 제작하거나 플래시(Flash)를 활용한 인터랙티브한 콘텐츠를 개발했다.

2000년대 중반 이후, 인터넷 사용자의 급증과 함께 포털 사이트 광고, 이메일 마케팅, 검색엔진 최적화(SEO, Search Engine Optimization), 블로그 마케팅 등이 등장하면서 디지털 마케팅 영역이 본격적으로 확장되었다. 이 시기 전후로 웹 에이전시는 점차 디지털 에이전시(Digital Agency)로 진화하게 되며, 광고 대행, 캠페인 기획, 소셜 미디어 운영 등 통합 디지털 전략을 수립하고 실행하는 전문 조직으로 자리 잡기 시작했다.

2010년대 초반, 스마트폰 보급과 함께 모바일 중심의 소비자 행동 변화가 시작되면서 디지털 에이전시의 업무는 또 한 번의 전환기를 맞았다. 모바일 앱 UI/UX 디자인, 모바일 광고 플랫폼 운영, 페이스북, 인스타그램, 유튜브 등 소셜 미디어 마케팅이 중요한 비즈니스 축으로 부상했고, 영상 콘텐츠의 중요성 또한 급격히 커졌다. 이에 따라 디지털 에이전시는 단순한 광고 콘텐츠 제작을 넘어 브랜딩 전략, 데이터 기반 퍼포먼스 마케팅, 인터랙티브 콘텐츠, 인플루언서 마케팅, 영상 기반 콘텐츠 마케팅 등 다채로운 영역을 소화하게 되었다. 오늘날 디지털 에이전시의 업무는 크게 아래와 같다.

1. 디지털 전략 수립: 브랜드의 디지털 방향성과 목표를 설정하고, 그에 맞는 전략을 기획
2. 콘텐츠 기획 및 제작: 이미지, 영상, 모션 그래픽, 텍스트 등 다양한 콘텐츠를 기획하고 제작
3. 소셜 미디어 마케팅: 인스타그램, 페이스북, 틱톡, 유튜브 등 플랫폼을 기반으로 한 콘텐츠 운영 및 광고 집행
4. 웹/앱 개발 및 UI · UX 디자인: 브랜드 웹사이트, 캠페인 사이트, 모바일 앱 등의 구축 및 사용자 경험 설계
5. 퍼포먼스 마케팅: 검색광고, 디스플레이 광고, 리타기팅 광고 등 ROI(투자수익률) 중심의 광고 집행
6. 데이터 분석 및 리포팅: 캠페인 결과를 분석하고 성과를 바탕으로 전략 최적화

과거에는 TV 광고나 전통적인 영상 매체의 콘텐츠를 다루던 영상 디자이너들은 웹의 발전과 함께 2000년대부터 디지털 에이전시에서 더 넓은 업무를 담당하게 되

었다. 웹은 정적 페이지에서 몰입형 경험 위주로 발전한다. 1990년대 초반 단순한 정보 전달 수단으로 시작된 초기의 웹은 정적인 HTML 기반 페이지로 구성되었고, 사용자는 일방적인 정보 소비자에 불과했다. 하지만 웹 기술이 급속도로 발전하면서 인터랙티브한 경험을 중심으로 변모해 왔다.

간단하게 보자면 웹의 발전은 정적 콘텐츠 중심, 단순한 정보의 전달을 목적으로 했던 웹(Web) 1.0 시대에 이어 사용자들이 적극적 주체가 되는 참여의 시대로 접어들어 SNS와 '소비자 생산 콘텐츠(UGC, User Generated Content)'가 확산된 웹 2.0으로 발전했다. 경험의 시대라 부를 수 있는 웹 3.0은 개인화, AI 추천, 몰입형 인터페이스(AR/VR, 메타버스) 등으로 변화, 발전했다.

이러한 웹의 진화는 단순히 기술적 변화에 그치지 않고, 시각 커뮤니케이션의 중요성을 더욱 부각했다. 특히 영상 콘텐츠는 사용자의 관심을 끌고 메시지를 효과적으로 전달하는 핵심 수단이 되었다. 정적인 웹 디자인에 영상 요소와 모션이 결합하면서, 영상 디자이너는 UI 애니메이션, 스크롤 기반 인터랙션 영상, 배경 비디오 등의 제작에 참여하며 웹사이트의 몰입감을 높이는 데 중요한 역할을 하게 되었다. 더불어 웹 에이전시가 디지털 마케팅 영역의 확장과 함께 점차 디지털 에이전시(Digital Agency)로 진화하게 되면서 마케팅과 관련하여 소위 영상 콘텐츠가 필요한 거의 모든 업무에 영상 디자이너가 필요해지고, 많은 회사들이 내부에 영상 디자인 관련 조직을 운영하게 되었다.

최근 몇 년간 대한민국의 디지털 에이전시는 생성형 AI, 빅데이터 분석, 자동화 기술을 적극 도입하고 있다. 이에 발맞추어 영상 디자인 업무에 기존에 활용하던 어도비 포토숍(Photoshop), 애프터이펙트(After Effects), 프리미어프로(Premiere Pro)뿐 아니라 챗GPT, 미드저니(Midjourney), 런웨이(Runway), 피카(Pika), 카이버(Kaiber) 등 생성형 AI 영상 도구를 활용해 아이디어 스케치부터 최종 결과물까지 빠르게 시각화하는 작업이 늘고 있다. 마치 웹의 발전과 함께 영상 디자이너가 필요에 의해 자연스럽게 자리 잡으며 업무의 경계가 늘어난 것과 유사하게 AI와 함께 찾아온 또 한 번의 변화로 영상 디자이너의 업무 범위와 크리에이티브의 경계도 넓어지고 있다. 동시에 디지털 에이전시들은 기술력과 크리에이티브 역량을 갖춘 하이브리드 조직으로 발전하고 있으며, 브랜딩과 퍼포먼스, 콘텐츠와 기술을 유기적으로 연결하는 역할을 수행하고 있다.

참고문헌

최서영(2025). 교육 모듈 기반 영상 디자인 교과과정 제안: 국내외 대학 교육과정 분석을 기반으로. 홍익대학교 박사학위논문.

최서영·김현석(2024). 1960년대 이후 기술 및 매체 발전에 따른 영상디자인의 변화 양상과 확장성 연구. 《디자인학연구》, 37(5).

02
영상 디자이너와 AI

영상 디자인은 시대마다 변화했고, 새로운 기술들이 등장할 때마다 그 방식은 혁신을 거듭했다. AI, 특히 생성형 AI의 출현은 그 변화를 더욱 가속화하고 있다. AI가 제공하는 놀라운 가능성은 광고 영상 제작의 흐름을 근본적으로 바꾸며, 영상 디자이너의 역할과 작업 방식에도 큰 영향을 미치고 있다.

AI와 MBTI?

영상 디자이너와 AI(인터뷰)

디지털 콘텐츠 산업은 언제나 빠르게 변화해 왔다. 특히 영상 디자인 분야는 AI 기술이 발전되고 관련 플랫폼들이 보편화해 제작 방식, 도구, 더 나아가 이를 다루는 디자이너들의 사고방식도 빠르게 재편되고 있다.

디지털 에이전시에서 수년간 팀장으로 활동한 영상 디자이너를 만나, 진행했던 영상 프로젝트들에 대해 이야기 나누고 AI로 전달되는 실무 현장에서 체감한 변화는 무엇인지, AI 기술을 실제 작업에 어떻게 적용하고 있는지, 앞으로 AI가 디지털 영상 디자인에서 어떻게 활용될 것인지 등에 대해 인터뷰했다.

Q. **자기소개를 부탁합니다**.

A. 저는 약 15년간 디지털 에이전시 및 영상 디자인 전문 회사에서 모션 그래픽 디자이너로 일하고 있는 김태연입니다. 영상 디자이너로 일하면서 다양한 분야의 영상 콘텐츠를 제작해 왔습니다.

Q. **진행했던 영상 프로젝트들을 소개해 주십시오**.

A. 제품이나 브랜드, 서비스 등의 프로모션 영상이나 전시 영상, 쇼 콘텐츠, 선행 영상 등 다양한 영상을 제작하고 있습니다. 프로모션 영상의 가장 큰 목적은 "홍보"입니다. 영상으로 시청자의 관심을 제품, 서비스, 브랜드로 유도해야 하죠. 이를 위해 핵심 목표를 명확히 설정하고, 일관된 메시지가 전달되도록 영상을 구성하는 것이 중요합니다.

또 타깃층을 분석하고 각 플랫폼의 특성에 맞춰 영상의 길이, 구성, 포맷 등을 최적화하는 작업도 필요합니다. 한 글로벌 브랜드의 제품 프로모션 영상을 제작했을 때 기존의 기술 소개 영상들과 차별화된 접근을 시도했습니다. 타깃층에 맞춘 페르소나를 설정하고, 간결한 스토리라인을 구성한 뒤, 레트로한 그래픽과 리드미컬한 모션을 활용해 브랜드 메시지를 효과적으로 전달했는데요. 이러한 연출 방식이 신선하게 받아들여지며 긍정적인 반응을 얻을 수 있었습니다.

전시 영상이나 쇼 콘텐츠를 제작할 때는 공간과 스크린의 조화로운 연출로 관객의 몰입감을 극대화하는 것이 중요합니다. 공간의 구조, 조명, 스크린 배치, 관객의 시선과 동선 등 다양한 현장의 요소들을 파악하여 영상의 움직임을 설계해야 메시지가 효과적으로 전달될 수 있습니다. 또한 다양한 비율과 고해상도 작업이 많아 기술적 완성도와 운영 안정성을 확보하는 것도 필수입니다. 대형 스크린, 프로젝션

매핑, 멀티 스크린 등 콘텐츠 구현 시스템을 이해하고 이를 바탕으로 제작 설루션을 찾습니다.

제작 시에는 영상의 최적화와 테스트를 병행하는데 이때 프리비즈(Previz, Pre-Visualization: 사전 시각화)로 시뮬레이션 환경을 구현하여 실제 콘텐츠가 어떻게 보일지 미리 예측하고 최적의 콘텐츠를 제작할 수 있게 합니다.

인터랙티브 미디어를 제작할 때에는 체험형 콘텐츠인 만큼 사용자의 사용성에 중점을 두는 것이 중요합니다. 아무리 멋지고 화려하게 만들어도 사용되지 않으면 아무런 소용이 없죠. 그렇기 때문에 유저 시나리오를 논리적으로 구성해야 하고, 개발팀과의 협업도 매우 중요한 부분입니다.

선행 영상(Prototype) 제작에서는 새로운 디자인과 신기술의 구현 가능성을 검증하는 것이 목표라고 할 수 있습니다. 단순한 디자인 시연이 아니라, 사용자의 행동과 직관적으로 연결되는 UX(사용자 환경)/UI(사용자 인터페이스) 흐름을 시각적으로 표현해야 하죠. 특히 플렉서블 디스플레이, 제스처 기반 내비게이션, AI 인터페이스 같은 혁신적인 요소를 강조하면서도, 현실적인 구현 가능성과 일관된 사용성을 고려해야 합니다. 기술적 테스트와 동시에 혁신적인 표현과 현실적인 적용 사이의 균형을 맞추는 과정이 중요했습니다. 그렇게 제작한 선행 작업들이 실제 제품에 적용되어 출시될

때 큰 보람을 느낍니다.

이처럼 다양한 프로젝트를 진행하면서 브랜드와 제품의 메시지를 효과적으로 전달하는 방법, 공간과 기술을 고려한 몰입형 콘텐츠 제작, 그리고 새로운 기술과 UX를 실험하는 선행 작업까지 폭넓은 경험을 쌓아 왔습니다.

Q. **가장 기억에 남는 프로젝트는 어떤 것이고 그 이유는 무엇일까요?**

A. 가장 기억에 남는 프로젝트는 아마도 가장 오랜 기간 참여했던 삼성 갤럭시 언팩 행사인 것 같습니다. 그중에서도 특히 기억에 남는 건 2017년 여름에 진행된 갤럭시 노트(Note) 8 언팩 행사입니다. 당시 무대는 박스형 3면 스크린 구조였는데, 바닥 스크린의 길이가 20m가 넘고 벽면 스크린의 높이도 10m가 넘는 초대형 스케일이었어요. 메인인 벽면 스크린뿐 아니라 바닥 스크린까지 활용해 입체적인 3D 연출을 해야 했기 때문에, 시각적으로 몰입감 있는 다면 콘텐츠를 구현하는 것이 핵심 과제였습니다. 특히 당시에는 3면이 연결된 다면 영상 설루션에 대한 정보나 사례가 거의 없던 터라, 이 구조에 최적화된 몰입감 있는 콘텐츠를 제작하기 위해 많은 시행착오를 거쳤습니다. 행사 당일, 모든 제

품 발표가 끝난 후 무대 전체에 뉴욕의 전경을 띄웠는데요. 관객들이 그 위에서 기념사진을 찍는 모습을 보면서 그간의 고생이 보상받는 기분이 들어 정말 뿌듯했던 기억이 있습니다.

Q. **영상 프로젝트를 진행하면 보통 본인의 역할은 무엇이었습니까?**

A. 실무적으로는 메인 모션 디자이너로 프로젝트의 기획부터 최종 결과물까지 제작의 전반적인 부분에 참여합니다. 또한 함께하는 팀원들이 원활하게 작업할 수 있도록 프로세스를 정리하거나 테크닉적인 조언을 하기도 하고 협업팀과의 업무를 조율하기도 합니다.

Q. **생성형 AI를 접하게 된 시기와 사용 범위에 대해 설명 부탁드립니다.**

A. 처음 생성형 AI를 접했던 건 2022년 R&D(연구개발)를 진행하면서였는데요. 당시 언리얼 엔진의 발전으로 영상 업계에서의 활용 가능성이 높아지면서 팀 내에서 스터디를 진행하게 되었습니다. 저는 그중에서 디지털 휴먼의 실무 적

용 가능성을 검토하였는데, 이 과정에서 에픽게임스(Epic Games)의 메타휴먼(MetaHuman)이나 엔비디아(NVIDIA) 오디오투페이스(Audio2Face), 킨툴(KeenTools) 등을 접하게 되었습니다. 엄밀히 말해 해당 툴은 전통적인 의미의 생성형 AI 툴이라고 보기는 어렵지만, AI를 활용한 기술들이 포함된 해당 툴을 사용하면서 기존 제작 방식과 차별화된 접근을 모색하는 계기가 되었습니다. 이후 어도비(Adobe)에서 AI 기술을 적용하면서 포토숍(Photoshop)이나 애프터이펙트(After Effects), 프리미어프로(Premiere Pro)에 적용된 AI 기능들이나 파이어플라이(Firefly)는 실무에서 매우 유용하게 사용하고 있습니다. 이렇게 AI 툴에 대한 관심은 자연스럽게 생성형 AI로 이어졌고 최근에는 블렌더3D(Blender 3D)와 AI 프로세스의 접목을 스터디하는 등 실무 파이프라인에 적용할 방법을 지속적으로 모색하고 있습니다.

Q. **프로젝트에 주로 어떠한 플랫폼을 사용하는지 궁금합니다. 플랫폼과 사용 이유를 말씀해 주세요.**

A. 저는 스태빌리티 AI(Stability AI)에서 개발한 스테이블 디퓨전(Stable Diffusion)을 사용하고 있습니다. 생성형 AI가 발전하면서 다양한 툴이 등장하고 있지만, 그중에서도

스테이블 디퓨전을 선택한 이유가 몇 가지 있는데요.

첫 번째로는 데이터 프라이버시입니다. 스테이블 디퓨전은 로컬에서 실행하기 때문에 프롬프트나 생성된 이미지가 외부에 노출될 위험이 없습니다. 반면 대부분의 클라우드 기반 AI는 기본적으로 프롬프트와 결과물이 서버로 처리되며, 프라이빗 모드를 사용하려면 추가 비용이 발생하는 경우가 많죠. 스테이블 디퓨전은 별도의 구독료 없이 완전히 개인적 환경에서 사용할 수 있기 때문에 보안이 중요한 프로젝트에서도 안전하게 활용할 수 있습니다. 하드웨어만 갖춰져 있다면 무료로 무제한 사용이 가능하다는 점도 실무에서 중요한 요소가 아닐까 생각합니다. 반복적인 테스트와 수정이 필요한 작업 시 추가 비용 없이 최적의 결과물을 얻을 수 있어 리소스를 절감할 수 있는 점이 큰 장점입니다.

두 번째는 높은 유연성입니다. 다양한 체크 포인트 모델을 활용해 특정 스타일이나 장르에 최적화된 결과물을 얻을 수도 있고, 필요하면 직접 모델을 훈련시킬 수도 있습니다. 특히 로라(LoRA) 등을 활용하면 특정 브랜드 아이덴티티에 맞춰 스타일을 학습시켜 일관된 비주얼을 유지할 수도 있죠. 또한 컨트롤넷(ControlNet)과 같은 확장 기능을 활용하면 의도한 결과물을 정밀하게 컨트롤할 수 있습니다. 이러한 기능들은 특히 프로모션 영상, 브랜드 영상, 콘셉트 디자인 등을 제작할 때 매우 유용합니다. 단순 반복 작업을 줄이면서 스타일을 유지하여 다양한 시도를 빠르게 적용할 수 있어 실무에서의 작업 효율성을 극대화할 수 있습니다.
마지막으로, 제가 생각하는 스테이블 디퓨전의 가장 큰 장점은 뛰어난 확장성입니다. 다양한 플러그인과 API로 기존 제작 툴과 유기적으로 연동할 수 있다는 점이 굉장히 매력적이었는데요. 블렌더, 애프터이펙트, 포토숍 등과 연동해 사용할 수 있어서, 생성형 AI를 단순한 보조 도구가 아니라 기존 제작 프로세스에 자연스럽게 통합해 활용할 수 있습니다. 기존의 워크플로를 방해하지 않으면서 AI의 강점을 적극 활용해, 더 빠르고 창의적인 작업을 할 수 있다는 점이 큰 장점이라고 생각합니다.

Q. **영상 디자이너들에게 생성형 AI의 의미는 무엇이라고 생각하시나요?**

A. 생성형 AI는 영상 디자이너에게 또 하나의 강력한 크리에이티브 도구라고 생각합니다.
디자인 업계는 기술 변화의 속도가 특히 빠른 분야 중 하나인데요. 몇 년 전까지만 해도 먼 미래처럼 느껴졌던 AI 기반 기술들이 이제는 실무에서 적극적으로 활용되고 있습니다.

저는 생성형 AI를 전통적인 제작 방식에 더해진 또 하나의 유용한 도구라고 생각합니다. 반복적이고 소모적인 작업을 줄여 주고, 다양한 실험을 빠르게 해 볼 수 있도록 도와주는 보조 도구죠. 때로는 예상하지 못한 인사이트를 얻기도 하고요. 덕분에 더 창의적인 결과물을 만들 가능성도 열리는 것 같습니다.

하지만 기술이 아무리 발전해도, 디자이너에게 정말 중요한 건 "가치 있는 차별화"를 만들어 내는 것이라고 생각합니다. 단순히 아이디어를 넘어서 맥락을 이해하고, 연결하고, 표현하는 복합적인 사고가 필요하죠. 이건 AI가 디자이너를 대체할 수 없는, 인간 고유의 영역이라고 생각합니다.

결국 중요한 건 어떤 툴을 쓰느냐보다 어떻게 활용하느냐입니다. AI는 어디까지나 도구일 뿐, 방향을 제시하고 선택하는 건 사람입니다. 이 똑똑하고 강력한 도구를 잘 이해하고 적재적소에 활용할 수 있는 디자이너라면, 훨씬 더 흥미롭고 창의적인 작업을 해 낼 수 있을 거라고 생각합니다.

Q. 학생들과 후배 디자이너에게 영상 제작을 위한 AI 활용 방법의 팁을 준다면?

A. AI는 결국 디자이너의 창의력을 확장해 줄 수 있는 강력

한 도구입니다. 효과적으로 활용하려면 AI의 기능을 제대로 이해하고, 작업 과정에서 어떻게 접목할지 전략적으로 고민하는 것이 중요합니다. 특히 다양한 생성형 AI가 빠르게 발전하고 있어, 이 기술들을 조합해서 활용하는 시각이 점점 더 중요해지고 있습니다.

예를 들어 프리프로덕션 단계에서는 AI를 활용해 특정 주제나 분위기에 맞는 콘셉트 아트를 생성하거나, AI 기반으로 스토리보드를 제작하고 시나리오를 작성하는 등 다양한 시도를 해 볼 수 있습니다. 이런 과정으로 아이디어를 빠르게 구체화하고, 여러 방향성을 실험해 볼 수 있죠. 실제 제작 단계에서도 AI를 활용하면 배경, 텍스처, 2D/3D 오브젝트, 사운드 등 다양한 애셋을 효율적으로 제작할 수 있고, 영상 편집을 도와주는 기능들도 있어 작업 시간을 줄이고 전체적인 효율을 높이는 데 큰 도움이 됩니다.

AI가 낯설거나 어려운 분들이라면 먼저 상용화된 AI 소프트웨어를 활용해 보는 것을 추천합니다. 상용 AI 소프트웨어는 기업과 전문가들이 실무에 바로 적용할 수 있도록 만들어졌으며, 기존 디자인/영상 제작 툴과의 연동이 원활하고, 상업적 사용이 가능한 콘텐츠를 생성할 수 있어 라이선스 측면에서도 안전성이 보장됩니다. 또한 지속적인 업데이트 기술 지원이 이루어지기 때문에 안정적으로 사용할 수 있다는 장점이 있습니다. 예를 들어 어도비 파이어플라이(Firefly)는 포토숍, 일러스트레이터 등 어도비의 주요 소프트웨어와 연동되며, 기존 작업 프로세스에 자연스럽게 AI를 추가할 수 있는 최적의 도구 중 하나입니다. 스타일 변경, 배경 생성 및 제거, 텍스트 효과 등 디자인 작업을 간소화하는 기능이 포함되어 원하는 작업을 더욱 쉽고 빠르게 수행할 수 있습니다. 또한 토파즈랩(Topaz Labs)의 AI 소프트웨어도 실무에서 활용도가 높은 프로그램입니다. 특히 토파즈 비디오 AI(Topaz Video AI)는 저해상도 영상을 고해상도로 업스케일링하거나, 선명도를 향상하는 데 강력한 성능을 발휘하기 때문에 작업 시간을 크게 단축할 수 있어 영상 제작자들에게 매우 유용한 도구라고 생각합니다.

이처럼 AI를 잘 활용하면 반복적인 작업을 줄이고, 보다 창의적인 작업에 집중할 수 있습니다. AI를 활용해서 다양한 아이디어를 시도해 보고, 거기서 자신만의 스타일을 찾아볼 수 있습니다.

Q. 앞으로 생성형 AI가 영상 디자인 시장에 미칠 영향에 대해 이야기하자면?

A. 앞으로 생성형 AI는 영상 디자인 시장에서 점점 더 필수

도구로 자리 잡을 것입니다. 반복적인 작업을 빠르게 처리하고, 아이디어를 시각화하거나 다양한 시도를 빠르게 진행해 작업 효율이 크게 향상될 수 있습니다. 덕분에 디자이너는 보다 창의적이고 전략적인 영역에 집중할 수 있는 환경이 점차 마련될 것입니다.

하지만 아무리 기술이 발전해도, 창의성과 감성은 여전히 인간 고유의 영역이라고 생각합니다. AI는 데이터를 기반으로 새로운 결과물을 만들 수는 있지만 문화적 맥락을 이해하거나 감정을 섬세하게 표현하는 데 분명한 한계가 있습니다. 더불어 디자이너는 단순히 시각적인 결과물을 만드는 것을 넘어, 브랜드 메시지나 사용자 경험을 고려해 문제를 해결하고 전략적으로 접근하는 역할도 수행하죠. 이러한 본질적인 영역은 여전히 인간의 고유한 역량이 요구됩니다.

결국 AI는 어디까지나 도구일 뿐, 방향을 제시하고 최종 결정을 내리는 것은 디자이너입니다. 생성형 AI는 디자이너의 작업을 보완하고 확장해 주는 강력한 '보조 도구'로 기능하게 될 것입니다. 이를 효과적으로 활용할 수 있다면, 창의성과 완성도를 동시에 끌어올리는 강력한 시너지를 만들어 낼 수 있다고 생각합니다.

이제는 전통적인 제작 기술뿐만 아니라, AI를 얼마나 창의적으로 활용할 수 있느냐가 디자이너의 경쟁력을 판단하는 새로운 기준으로 자리 잡게 될 것입니다. 변화에 유연하게 대응하며 AI를 적극적으로 이해하고, 자신만의 스타일과 작업 방식에 통합해 나가는 디자이너가 앞으로의 시장에서 더욱 강력한 경쟁력을 가질 수 있을 것입니다.

03
영상 디자인의 정의

우리 일상은 수많은 영상으로 둘러싸여 있다. 유튜브의 짧은 클립부터 광고, 브랜드 필름, 앱 인터페이스 속 모션까지, 영상은 이제 정보 전달을 넘어 감정과 경험을 디자인하는 언어가 되었다. 하지만 시각적으로 시퀀스 형태로 인지되는 결과물은 모두 영상 디자인이라 할 수 있는가? '영상 디자인'이란 무엇인지, 관련 용어와 개념, 디자인으로서의 영상에 대해 살펴본다.

AI와 난임 극복?

영상 디자인 관련 용어와 개념

영상이란 과거에는 주로 실재하는 대상의 닮은꼴이라는 사진의 의미를 가지고 사용되었다.

영상은 빛, 움직임, 시간의 조합으로 이루어진 시각적 표현 수단이다. 사진이 정적인 순간을 담는다면, 영상은 그 순간들이 이어지는 시간의 흐름 속에서 의미와 감정, 이야기를 전달한다. 영상의 사전적 의미로 표준국어대사전에서는 물리적, 문화적, 매체적 관점에서 설명한다. '빛의 굴절이나 반사 등에 의하여 이루어진 물체의 상', '머릿속에서 그려지는 모습이나 광경', '영사막이나 브라운관, 모니터 따위에 비추어진 상'으로 정의한다. 오늘날의 영상은 렌즈로 피사체를 비춰 내거나 컴퓨터 기술로 생성된 객체의 움직임을 스크린으로 음성의 요소와 함께 보이는 것으로 이해할 수 있다. 일반적으로 영상의 의미는 매체적 관점에서 영화, 방송, 텔레비전, 모바일, 인터넷 등 다양한 미디어로 소비되는 움직이는 이미지로 광고, 영화, 필름, 애니메이션, 비디오, 게임, 사진 등을 떠올릴 수 있다. 영상은 과거의 이미지와 사진과 같이 대상에 집중하는 형태에서 애니메이션, 동영상 등 기술적 특성과 미디어적 측면이 강화되고 매체와 기술에 의한 동적 이미지가 시청각 요소를 포함하는 형태로 진화 발전한 것으로 이해할 수 있을 것이다. 영상의 영문 표기법은 개념적 정의를 어떻게 하느냐에 따라 시대적으로 다양하게 활용되었다. 용어의 사전적 의미인 빛의 굴절 반사를 뜻하는 물체의 상 '이미지(Image)'는 너무 넓은 범위로 구체적이지 못하고 일반적으로 통용되는 매체적 관점에서 광고, 방송, 영화, 필름, 애니메이션, 게임 등 모두를 아우르는 하나의 단어는 존재하지 않는다고 볼 수 있다.

영상을 '움직이는 이미지'라는 개념적 정의로 볼 때, 이에 대한 영문 표기는 무빙 이미지(Moving Image), 무빙 픽처(Moving Picture), 비디오(Video) 등으로 다양하며 그 범위 또한 매우 광범위하고 포괄적이다. 영상과 디자인이 결합된 영상 디자인의 영문 표기는 더욱 다양하며 필름 앤 비디오 디자인(Film and video design), 필름 앤 디지털 미디어 디자인(Film and digital media design), 비디오 디자인(Video design), 미디어 디자인(Media design), 인터랙티브 미디어 디자인(Interactive media design), 무빙 이미지 디자인(Moving image design), 이미지 디자인(Image design), 모션 디자인(Motion design) 등 영상의 개념 정의와 관점에 따라 다양한 표기 방식을 찾아볼 수 있다.

디자인으로서의 영상

영상 디자인은 영상의 시작보다 뒤늦은 시기에 출현했다. 한국미술연구소의 영상 디자인 저서에 따르면, 영상 매체의 역사적 흐름은 1839년 다게레오타입(Daguerréotype)의 등장, 1895년 영화의 시네마토그래피(Cinematography), 1935년 최초의 텔레비전 방영으로 이어지는 형태로 설명되고 텔레비전 등장이 영상 디자인의 역할을 증대했다고 한다.

전통적 그래픽 디자인 영역에서는 인쇄 매체가 시각 커뮤니케이션의 주요 매체였으나, 텔레비전 도입은 그래픽 디자이너에게 새로운 환경에서의 전문 역할을 가능하게 했다. 20세기 초 영상 매체의 혁명과도 같은 텔레비전은 1939년 NBC가 미국 최초로 TV 방송을 시작하며 유럽을 비롯하여 우리나라까지 영향을 끼쳤다. 1960년대 후반 프라임 타임 텔레비전 콘텐츠가 컬러 필름으로 제작되면서 방송사의 네트워크 브랜딩 작업과 같이 영상 디자인의 발전 또한 두드러졌다.

우리나라에 텔레비전이 도입된 것은 1956년이며, 컬러TV는 1980년으로 새로운 영상 매체의 출현과 함께 국내 영상 디자인의 역사적 고찰의 시작점이 될 수 있을 것이다. 디자인의 시작은 텔레비전 영상 매체보다 먼저 서양에서의 영화 산업에서 역사적 발자취를 찾을 수 있다. 영화 역사에서 영화와 디자인의 연결점으로 먼저 영화 포스터 분야가 있다. 그래픽 디자인 영역에서 일반적이었던 인쇄 매체 기반 영화 포스터 작업을 넘어 그래픽 디자이너에 의해 영화 타이틀 작업이 시도되고 처음으로 새로운 스타일의 혁명적인 작업물이 탄생했다.

1955년 그래픽 디자이너 솔 바스(Saul Bass)가 디자인한 오토 프레민저(Otto Preminger) 감독의 영화 〈황금팔을 가진 사나이(The Man with the Golden Arm)〉와 컴퓨터 애니메이션 선구자 존 휘트니(John Whitney)와 함께 작업한 앨프리드 히치콕(Alfred Hitchcock) 감독의 영화 〈현기증(Vertigo)〉(1958) 타이틀 시퀀스는 당시 혁신적인 키네틱 타이포그래피 스타일로 최초의 움직이는 그래픽을 선보였다.

1960년을 기점으로 사용된 '모션 그래픽스(Motion Graphics)'라는 용어는 존 휘트니가 모션 그래픽스 법인(Motion Graphics Incorporated)을 설립하면서 산업 분야에 처음으로 등장했다. '모션 그래픽스(Motion Graphics)'는 전통적인 영화 그래픽 디자인 애니메이션과 구별되는 특징을 지니며 이를 바탕으로 연구가 이루어지기 시작했다.

모션 그래픽스는 영화 산업의 타이틀 시퀀스 디자인을 시작으로 방송 영상의 일부로 네트워크 브랜딩, 방송 타이틀, 채널 아이디, 로고 애니메이션 형태로 발전하며 텔레비전 매체의 탄생과 함께한 영상 디자인의 시작점으로 볼 수 있다.

영상 디자인의 학문적 고찰에서도 모션 그래픽스는 매우 중요한 부분으로 용어의 기원과 역사적 변천 과정은 영상 디자인의 개념 정립과 의미 파악에 분명한 역할을 한다. 모션 그래픽스를 하나의 장르 또는 학문적 영역으로 볼 것인지 또는 표현 방법의 일종으로 정의 내려야 할지 학계에서도 여러 의견이 있다. 미국에서도 모션 그래픽스, 모션 그래픽 디자인(Motion graphic design), 모션 디자인(Motion design) 등 여러 형태로 활용되며 명확한 정의를 내리지 못하고 있다. 국내에서도 마찬가지로 용어가 혼용되고 있으며 일각에서는 '모션 그래픽스'와 '영상 디자인'을 같은 의미로 쓰기도 한다.

국내에서는 1990년대부터 영상 디자인의 개념과 현황에 대한 연구가 활발히 이루어졌으며, '영상 디자인'이 표준화된 용어로 자리 잡았다. '모션 디자인', '모션 그래픽스'라는 용어는 2000년대부터 사용되기 시작했다. 이전에는 애니메이션 기법, 필름 그래픽, 비디오 그래픽,

영상 디자인 등으로 인식되었다. 국내에서는 이러한 용어가 방송 그래픽처럼 좁은 의미로 기술적 표현이나 특정 효과를 지칭하는 데 활용되었으며, 이는 1960~1980년대 서양에서 모션 그래픽스가 영화와 TV 그래픽으로 정의되던 방식과 유사하다.

2010년 이후 영상 플랫폼은 텔레비전과 영화 스크린을 넘어서 모바일과 소셜 미디어로 중심축이 이동하며 급격한 변화를 경험했다.

스톤(Stone & Wahlin, 2018)에 따르면 모션 디자인은 그래픽디자인, 애니메이션, 영화, 저널리즘, 음악 등 다양한 분야에서 활용되며 브랜드 아이덴티티 키네틱 데이터 시각화 인터랙션 디자인 등과 같은 영역에서도 그 중요성이 커지고 있다. 또한 쇼(Shaw, 2020)는 모션 디자인이 소셜미디어와 스트리밍 네트워크의 부상과 함께 세분화되는 특징을 가지며, 가상현실이나 증강현실과 같은 신기술과 결합해 빠르게 발전하고 있음을 강조했다. 2020년대 해외 영상 산업에서는 광고 대행사와 소셜 마케팅 스튜디오들이 데이터 분석으로 새로운 특성을 반영한 영상 콘텐츠를 제작하고 있다. 가상현실이나 증강현실 등의 첨단 기술 플랫폼에서 모션 그래픽스를 활용하여 몰입형 환경과 사용자 경험을 중심으로 한 콘텐츠를 개발한다. 작업 환경은 과거에 비해 빠른 인터넷과 클라우드 서비스의 도입으로 크게 변화하고 있다.

모션 디자인이라는 용어로 대표되는 현대의 영상 디자인은, 아날로그적 제작 방식을 뛰어넘어 신기술과 장비로 새로운 작품과 콘텐츠를 창조하는 작업이라고 정의할 수 있다. 이 과정에서 움직임, 편집, 시간의 개념과 레이아웃, 타이포그래피, 색채 등 조형성을 다루는 디자인 개념을 동시에 가지고 있다. 영상 디자인은 이러한 요소들을 통해 대중과 소통하고 미적 감각을 자극하며 잠재된 지성과 감성을 이끌어 내는 것이라 할 수 있다.

영상 디자인의 정의

영상 디자인은 예술적 창의성과 기술적 혁신, 산업적 응용이 상호 보완적으로 연계되어 발전하며 단순한 시각예술의 범주를 넘어 변화하는 미디어 환경과 산업적 요구에 부응하는 실용적인 분야다. 영상 디자인은 전통적인 시각예술과 디자인 분야의 융합으로 발전해 왔으며, 그래픽디자인 영화, 애니메이션 등과 함께 시각적 표현, 스토리텔링, 커뮤니케이션, 디자인 요소를 포함한다.

울맨(Woolman, 2004)은 영상 디자인의 핵심 요소인 '모션(Motion)'이 그래픽디자인, 애니메이션, 영화, 디지털 인터페이스가 통합된 영역임을 강조했다. 또한 암스트롱(Armstrong, 2009)은 그래픽 디자인 이론을 바탕으로 영상 디자인이 영화와 애니메이션과 같은 매체와 결합하며 새로운 시각적 언어를 창출해 왔다고 말했다. 쇼(Shaw, 2020)는 영상 디자인을 이미지 메이킹과 스토리텔링의 결합으로 정의하며 창의성과 기술적 전문성을 바탕으로 한 콘텐츠 제작의 중요성을 강조했다.

영상 디자인은 예술점 관점에서 다학제적 성격을 지닌 학문이며 전통적인 시각예술의 범위를 넘는 창의적이고 융합적인 시각 표현 방식이다. 또한 기술적 관점에서 영상 디자인은 디지털 영상 제작 도구와 소프트웨어를 중심으로 발전했고 현대에는 미디어 테크놀로지의 발전과 함께 인터랙티브 요소와 결합을 시도한다.

이러한 결합은 가상현실(VR), 증강현실(AR), AI와 같은 첨단 기술과 융합되어 공간 연출 전시형 콘텐츠, 실감 미디어 콘텐츠 등 새로운 시각적 표현 방식을 가능하게 하고 창작의 범위를 확장하고 있다.

인터랙티브 미디어와 디자인의 융합은 사용자 경험을 극대화하며 디지털 UX/UI, 플랫폼 및 다양한 디바이스 환경에서 활용 가능성을 높이고 있다. 스톤(Stone & Wahlin, 2018)은 브랜드 아이덴티티, 제품 인터페이스,

키네틱 데이터 시각화, 인터랙션 디자인, 다이내믹 광고 전시 및 환경 디자인 등의 다양한 기술적 응용을 영상 디자인의 주요 역할로 강조했다.

산업적 관점에서 영상 디자인은 전통적 영화 방송 광고 등의 매체에서 커뮤니케이션 전략의 핵심 역할을 수행해 왔다. 현대에는 소셜미디어 인터넷, 모바일 플랫폼의 발전과 함께 미디어 콘텐츠, 바이럴 영상, 웹툰 및 디지털 만화 콘텐츠와 같은 새로운 산업적 형태가 등장하고 있으며 이에 따른 영상 디자인 교육에 새로운 접근 방식의 필요성도 증가하고 있다.

결국 현시대의 영상 디자인이란 다양한 매체와 플랫폼에 대한 이해를 바탕으로 인간의 감성을 움직일 수 있는 예술적 창의성, 기술적 혁신, 산업적 응용의 창의적 아이디어를 시각적으로 구현하는 '시퀀스'라 할 수 있겠다.

참고문헌

최서영(2025). 교육 모듈 기반 영상 디자인 교과과정 제안: 국내외 대학 교육과정 분석을 기반으로. 홍익대학교 박사학위논문.

최서영·김현석(2024). 1960년대 이후 기술 및 매체 발전에 따른 영상디자인의 변화 양상과 확장성 연구. 《디자인학연구》, 37(5).

Armstrong, H.(Ed.).(2009). *Graphic design theory: Readings from the field.* Chronicle Books.

Shaw, A.(2020). *Design for motion: Motion design techniques & fundamentals (2nd ed.).* Focal Press.

Stone, R. B. & Wahlin, L.(2018). *The Theory and Practice of Motion Design: Critical Perspectives and Professional Practice.* Focal Press.

Woolman, M.(2004). *Motion design: Moving graphics for television, music video, cinema, and digital interfaces.* Rotovision.

04
생성형 AI의 정의

모든 '생성형 AI'는 AI지만, 모든 AI가 '생성형 AI'는 아니다. AI와 생성형 AI의 차이점을 인식하기 위해 필요한 개념의 범위, 기능적 차이, 사용 목적의 차이에 대해 알아보고 새로운 아이디어와 창작물을 만드는 데 초점이 맞춰진 생성형 AI에 대해 탐구한다.

AI와 사주?

AI의 발전 과정

데이터를 기반으로 한 지능형 자동화로 산업의 구조가 바뀌고 있다. 우리는 이것을 '4차 산업혁명'이라 부른다. 더 이상 낯설지 않은 이 단어는 초연결성과 초지능화를 기반으로 단순한 기술의 발전을 넘어, 사회의 구조와 일하는 방식, 인간의 삶 전반에 깊은 영향을 미치고 있다. 이러한 변화는 AI 발전의 결과라 할 수 있다.

과거 산업혁명들이 기계, 전기, 컴퓨터를 중심으로 물리적 생산성을 높였다면, 4차 산업혁명은 데이터를 기반으로 한다. 데이터를 기반으로 하는 AI는 단순 반복 업무를 대체하는 것으로 시작하여 분석과 예측, 의사 결정을 넘어 창작 활동을 돕는 주체로 발전했다.

제조업에서는 AI가 설비를 예측 정비하고, 물류 경로를 최적화하며, 품질 검사를 자동화한다. 금융에서는 수천만 건의 데이터를 실시간 분석해 투자 전략을 세우고, 헬스케어 분야에서는 환자의 생체 데이터를 분석해 개인 맞춤형 진단과 치료를 제안한다.

인간이 놓치기 쉬운 변수와 패턴을 AI는 빠르고 정확하게 포착한다. 이러한 AI 중에서도 최근 주목받는 분야가 바로 생성형 AI(Generative AI)다. AI와 생성형 AI는 동일한 뿌리에서 출발했지만, 그 역할과 활용 방식은 분명히 구분된다. 일반적으로 우리가 인식하는 AI는 인간의 지능을 모방하여 정보를 분석하고 판단하는 기술 전반을 의미한다. 주로 데이터를 입력받아 예측, 분류, 최적화, 자동화 등의 작업을 수행하며 문제 해결이나 자동화에 목적을 둔다. 기업에서는 고객 행동을 예측하거나 제조 공정을 자동화하여 생산성을 높이기 위해 AI를 활용하고 있다.

'생성형 AI'는 AI의 하위 개념으로, 기존 데이터를 학습한 후 이를 기반으로 새로운 콘텐츠를 생성하는 데 목적을 두며, 사람의 창작 활동을 보완하거나 대신하여 새로운 결과물을 만들어 낸다. 콘텐츠에는 텍스트 및 이미지, 음악, 영상 등이 있으며 이는 광고, 교육, 마케팅, UX(사용자 환경)/UI(사용자 인터페이스) 디자인 등 창의성이 요구되는 분야에 활용된다.

AI의 발전 과정을 시대별 흐름과 기술의 진화에 따른 주요 시기별로 구분하면 AI의 개념이 시작된 1단계는 1940~1950년대로 AI의 철학적, 수학적 기반이 정립되었다. 1950년 앨런 튜링(Alan Turing)은 논문 "계산 기계와 지성(Computing Machinery and Intelligence)"에서 "기계가 생각할 수 있는가?"라는 질문을 던지며 AI의 철학적 출발점을 제시했다. 이는 AI가 논리적 사고와 수학적 연산으로 가능하다는 인식을 가지게 했지만, 이론적으로만 논의되던 시기였다.

2단계는 1956~1970년대 AI의 태동기로 초기 AI 관련 프로그램들이 개발되었다. 초기 프로그램들은 연산 능력과 데이터가 부족하여 한계도 있었지만 간단한 퍼즐 해결, 체스 게임 프로그램 등 규칙 기반 시스템이 중심을 이뤘다. 1950년대 중반 수학, 논리학, 컴퓨터 공학 분야에서 활약하던 젊은 과학자들은 "기계가 생각할 수 있는가?"에 큰 관심을 갖고 있었다. 특히 존 매카시(John McCarthy)는 이 분야의 발전을 위해 학제 간 협업이 필요하다고 판단했고, 미국 뉴햄프셔주의 다트머스대학(Dartmouth College)에서 학술회의를 제안했다.

1956년 이 학술회의 참석자들은 자연어 처리, 자기 학습 시스템, 개념 형성, 추론 논리 등 다양한 지능적 문제를 컴퓨터로 구현할 수 있는지 토론했다. 결론적으로 "모든 학습적 측면이나 지능의 다른 특징들을 원칙적으로 기계로 정확히 묘사할 수 있다면, 그것이 학습하거나 지능적으로 행동하는 기계를 만들 수 있다는 것을 의미한다"라고 판단했다.

이때 존 매카시가 처음으로 '인공지능(AI, Artificial Intelligence)'이라는 용어를 사용했으며, 이 회의로 AI

연구의 기초 개념과 방향성이 설정되었고 이후 AI라는 연구 분야가 독립적인 분야로 자리 잡는 계기가 되었다.

1970~1980년대 연구자들은 기계가 곧 인간처럼 사고하고 말할 것이라 예측하고 언어 번역, 로봇 제어, 문제 해결 시스템 등 다양한 실험을 진행하며 AI 황금기를 기대했다. 하지만 현실은 기대에 미치지 못하며 AI 발전의 침체기로 남는다. 초기 AI는 제한적인 문제 해결에는 강했지만 당시의 컴퓨터 하드웨어는 복잡한 연산을 처리하기에는 너무 느리고 비효율적이었으며 AI가 학습할 수 있는 데이터가 절대적으로 부족하고, 저장 용량도 매우 제한적이었다. 또한 현실 세계의 복잡성을 처리하는 데 한계가 명확했는데 그때까지의 AI는 '규칙 기반(rule-based)'으로 작동하여, 복잡한 상황에 대응하지 못했고 인간 언어의 중의성과 문맥 이해 문제를 처리하지 못해 한계에 부딪혔다. 이에 따라 정부의 연구 자금이 축소되었고, 기업들은 AI에 대한 투자를 철회하고, 학계에서도 AI 연구는 '과장된 신기루'로 여기며 정체기를 보낸다.

회의론에 시달리던 AI는 1990년대 후반부터 서서히 실질적 진보를 이루기 시작한다. 핵심은 '머신러닝(ML, Machine Learning)'과 '딥러닝(DL, Deep Learning)'이다. 이 시기는 AI가 과거의 규칙 기반 접근에서 벗어나 데이터로 스스로 학습하고 진화하는 기술로 나아간 결정적 전환점이었다.

머신러닝은 명시적인 프로그래밍 없이도 데이터에서 패턴을 찾아내고, 학습한 정보를 바탕으로 예측하거나 분류하는 기술이다. 즉 사람이 일일이 규칙을 짜지 않아도 기계가 스스로 규칙을 찾아낸다. 대표적 응용 분야로 이메일 스팸 필터링, 검색 엔진 자동완성, 음성 인식 시스템, 아마존이나 유튜브 등의 간단한 추천 알고리즘 같은 것들이 있다. 하지만 당시 머신러닝은 여전히 이미지, 음성, 자연어 등의 복잡한 데이터를 처리하는 데에는 한계가 있었다.

이 한계를 극복한 것이 바로 딥러닝이다. 딥러닝은 특히 비정형 데이터(텍스트, 이미지, 오디오 등) 처리에 강점을 보이며, 인간이 직관적으로 처리하는 문제들을 고도로 정교하게 다룰 수 있는 기반을 마련했다. 딥러닝은 인간 뇌의 신경망 구조에서 영감을 얻은 인공신경망(ANN, Artificial Neural Network)을 다층으로 구성한 학습 알고리즘이다. 인간의 지능이 두뇌를 구성하는 신경세포 간 연결에서 비롯된다는 가정에 기반하며 이 관점은 낮은 수준에서 뇌 구조를 모델링한 후, 외부의 자극

(학습 데이터)으로 인공두뇌의 구조와 가중치 값을 조정하는 학습 방식으로, 기호화나 기호 조작만으로 설명할 수 없는 인간의 지능을 다루는 새로운 관점을 제시했다.

딥러닝은 입력된 데이터를 여러 층(Layer)을 거치며 추상화해, 복잡한 패턴까지 인식할 수 있는 모델이다. 이러한 기술은 주로 얼굴 인식, 자율주행 차량의 객체 인식 같은 이미지 인식과 인간의 동작을 모방하고 로봇 비전 시스템을 바탕으로 하는 로보틱스 분야, 시리나 구글 어시스턴트 같은 음성 인식을 기반으로 하는 AI 스피커 등에 활용되었다.

이에 따라 데이터가 많을수록 AI의 성능이 좋아진다는 '데이터 중심 사고방식'을 산업과 사회에 정착시키며 구글, 페이스북, 아마존, 애플 등 IT 대기업이 AI 스타트업에 투자하고 이들을 대거 인수하는 AI 생태계 확대라는 결과를 만들어 냈고 당시는 AI의 실질적 응용 가능성을 증명한 시기이자 현대 AI의 기술적 토대를 확립한 결정적 단계였다. 특히 딥러닝은 이후 등장한 대규모 언어 모델(GPT 등), 생성형 AI, 자율주행 기술 등의 기반 기술로 작용하며 4차 산업 혁명의 핵심으로 자리매김하게 된다.

오랜 시간을 거쳐 발전과 정체를 거듭한 AI는 주로 예측과 분석의 도구로 활용되어 왔지만 2020년대 들어서며 전혀 새로운 영역으로 진입한다. AI가 스스로 글을 쓰고, 그림을 그리고, 음악을 만들며, 코드를 작성하는 시대로 진입했다. 그 중심에는 생성형 AI가 존재하며 이는 대규모 언어 모델(LLM, Large Language Model)에 의해 실현된다.

대규모 언어 모델과 생성형 AI

대규모 언어 모델(LLM)은 수십억에서 수천억 개의 매개변수(Parameter)를 학습한 자연어 처리 AI다. 이는 딥러닝과 머신러닝이 AI에 활용되고 있기에 가능해졌다. 이들은 대규모 데이터 세트를 학습하여 새로운 데이터를 생성하는 능력을 갖추고 있다.

대규모 언어 모델은 인간이 작성한 방대한 양의 텍스트(뉴스, 책, 웹사이트, SNS 등)를 학습해 문장의 구조, 의미, 맥락을 파악하고 자연스러운 언어를 생성할 수 있다. 이를 통해 텍스트 생성 AI는 사용자가 입력한 문장의 맥락을 이해하고 그에 맞는 텍스트를 생성할 수 있다. 학습할 수 있는 모델의 크기와 데이터가 증가할수록 성능이 비약적으로 향상되며 사전 학습으로 범용 데이터를 먼저 학습한 뒤, 특정 작업에 맞게 파인튜닝이 가능하다.

또한 이전 텍스트의 흐름을 이해하고, 일관된 응답 생성이 가능하다.

대표 모델로는 오픈AI의 GPT 시리즈가 있으며 GPT 등장 이후 생성형 AI와 대화형 AI의 대중화가 시작되었다. 이 외에 멀티태스킹 언어 이해에 강점이 뚜렷한 구글 딥마인드(DeepMind)의 팜(PaLM, Pathways Language Model), 제미나이(Gemini), 안전성과 인간 중심 설계에 중심을 둔 앤트로픽(Anthropic)의 클로드(Claude) 등 수많은 모델이 시장에 선보이게 된다.

LLM의 등장으로 기존 주어진 입력에 대해 정답을 선택하거나 확률적 예측을 수행하는 데에 초점이 맞춰져 있던 AI에서 입력을 이해하고 '새로운 결과물'을 직접 만드는 단계로 접어들게 되며 AI의 활용 범위가 획기적으로 확장되었다. 이러한 결과는 생성형 AI의 실현으로 이어졌다. 생성형 AI란 텍스트, 오디오, 이미지, 비디오, 코드 등의 기존 콘텐츠를 활용하여 유사한 콘텐츠를 새로 만들어 내는 AI 기술로 대규모 데이터 세트에 기반을 둔 훈련된 딥러닝 모델을 사용하여 새로운 콘텐츠를 생성하는 AI 알고리즘이다.

생성형 AI는 예술, 디자인, 엔터테인먼트 등 여러 분야에서 창의적인 작업과 혁신을 가능하게 하는 도구로 활용되고 있다. 텍스트 생성으로 블로그 글이나 시나리오, 논문의 초안을 작성할 수 있으며, LLM을 기반으로 목적에 부합하는 일러스트, 광고 소재로 활용되는 이미지 제작, 음악을 위한 AI 작곡, 음성 복제 등이 가능하다. 더 나아가 가상공간이나 가상 인물, 제품을 활용한 영상 콘텐츠 제작도 빠른 발전 속도를 보이며 완성도를 올리고 있다. 이제 LLM을 기반으로 인간이 상상하는 많은 것들을 정교하게 시각화하는 것이 가능해졌다. 그 결과 생성형 AI는 단순한 도구가 아닌 인간의 표현을 확장하는 협력자로 기능하고 있다.

반면 생성형 AI에 대해 독자들에게 꼭 전하고 싶은 내용이 있다. AI의 발전으로 우리에게 열린 다양한 가능성은 여러 문제점과 과제도 동반하고 있다는 것이다. 생성형 AI는 분명히 우리의 창작과 표현 방식을 혁신적으로 바꾸고 있지만, 그 기술을 바탕으로 생성하는 결과에 대한 사회적 책임, 윤리적 판단의 결과 또한 우리에게 있다는 것이다.

기존 창작물을 학습한 데이터를 바탕으로 AI가 만들어 내는 결과물에 대한 저작권과 창작의 경계 문제는 이미 많은 뉴스를 이끌어 내고 있다. 성별, 인종, 종교, 지역 등에 대한 고정관념을 강화하거나 사회적 소수자를 배제하는 등의 데이터에 내재된 편향과 차별 문제, 데이터상에 돌아다니는 허위 뉴스, 가짜 인터뷰, 인물 정보 진위의 불확실성에 따른 정보 신뢰의 위기, 정보의 책임 소재 불명확성에 대한 법적 공백 등이 그것이다.

세상을 바꾸고 있는 AI, 그 기술은 중립적이지 않으며, 그것이 사용되는 방식에 따라 좋은 도구가 될 수도, 위협이 될 수도 있다.

참고문헌

강지담(2024). 음악 제작 과정에서 생성형 AI의 예술 창작 주체성 및 활용 방법론 연구. 경희대학교 대학원 석사학위논문.

김영아(2024). 생성형 AI 활용 미디어아트 제작 교육 연구: TMSI 교수학습 모형을 중심으로. 홍익대학교 영상커뮤니케이션 대학원 석사학위논문.

양지훈 · 윤상혁(2023). 챗GPT를 넘어 생성형(Generative) AI 시대로: 미디어·콘텐츠 생성형 AI 서비스 사례와 경쟁력 확보 방안. 《미디어 이슈 & 트렌드》, 55.

05
AI와 영상 디자인의 변화

카메라가 그림을 대체했을 때, 편집 프로그램이 필름을 밀어냈을 때, 디자이너들은 늘 새로운 도구와 함께 창조의 언어를 바꿔 왔다.
그리고 지금, 우리는 또 하나의 전환점에 서 있다. AI의 등장과 함께 영상 디자인의 방식, 역할, 그리고 디자이너의 정체성까지도 변화하고 있다.

AI와 아이돌?

전통적 영상 제작 방식의 이해

영상은 사전에서는 시간의 흐름에 따라 연속된 시각 정보를 전달하는 매체로 정의하며 정적인 이미지와는 달리 움직임과 사운드로 보다 풍부한 메시지를 전달할 수 있는 커뮤니케이션 수단이라고 되어 있다.

영상은 단순한 기록의 도구로 시작해, 오늘날에는 정보 전달, 감성 표현, 예술 창작, 상업 마케팅 등 다양한 목적을 가진 다층적 미디어로 자리 잡았다. 영상은 이제 단순히 움직이는 그림이 아니라 스토리를 전달하고 감정을 유도하며, 브랜드 가치를 시각적으로 표현하는 핵심 수단이며, 기술의 발전으로 그 형태도 계속 변하고 있다.

전통 영상 제작 방식의 이해를 위해서는 영상이라는 형식으로 아웃풋되는 콘텐츠를 만드는 방법의 차이를 이해해야 한다. 전통적으로 영상 콘텐츠 제작은 크게 두 갈래다. 실제 세계를 기록하고 재현하는 촬영 기반의 영상 제작과, 시각적 구성과 디지털 조형으로 새로운 세계를 창조하는 디자인 기반의 영상 제작, 즉 모션 그래픽과 3D 그래픽을 활용한 방식이다. 두 방식은 제작 기술, 참여 인력, 작업 방식에서 큰 차이를 보이면서도 영상이라는 공통된 결과물을 향해 나란히 발전해 왔다.

먼저 촬영 기반의 전통적 영상 제작은 영화, 드라마,

다큐멘터리, 광고 등에 주로 사용되어 온 기본 형태다. 기획-연출-촬영-편집이라는 선형적 제작 구조를 갖고 있으며, 실제 인물, 공간, 빛, 물리적 환경을 직접 구성하고 기록한다. 영상을 제작하는 방법을 기준으로 촬영 베이스의 영상과 디자인 베이스의 영상을 나눌 수 있지만 무엇을 만들 것인가를 고민하고 논의하는 기획 단계는 두 가지 공통으로 적용되며 해당 영상 제작에 관여하는 모든 사람에게 매우 중요한 단계다.

실제 이 단계에서 만족스럽지 않은 기획은 광고주에 의해 프로젝트가 캔슬되거나 콘텐츠의 제작 방법이나 아웃풋의 방향이 바뀌기도 한다. 특히 광고 기획은 본질적으로 제품과 서비스의 마케팅적 성과(인지도 향상, 매출의 증대)로 직접 연결되므로 광고하고자 하는 제품이나 서비스, 브랜드의 이해를 바탕으로 많은 자료 조사와 깊이 있는 논의가 필요하다. 그렇지 않으면 제품이나 서비스가 대중에게 제대로 전달되지 못하고 영상의 기술적 특징만 보인다거나 눈에만 남는 아웃풋으로 끝나기도 한다.

이러한 기획 단계를 거쳐 시나리오와 콘티를 바탕으로 연출 구상이 이뤄지면, 촬영을 위한 준비가 본격 진행된다. 배우나 출연자의 섭외, 촬영 장소(로케이션) 탐색,

미술 세트 디자인, 의상과 소품 준비, 조명 플랜 수립, 그리고 음향 장비까지 모든 요소가 유기적으로 작동한다.

촬영에는 수많은 인원이 투입된다. 감독은 기획을 바탕으로 구성된 모든 장면의 연출을 지휘하고, 촬영감독은 카메라 구도와 렌즈, 조리개 등을 세팅하며, 조명팀은 분위기를 결정짓는 빛의 질을 조절하기 위해 분주하게 움직인다. 음향팀은 현장의 대사와 주변 소리를 수음하고, 대행사 인원들과 광고주는 전체 진행 상황을 지켜보며 영상으로 만들어지는 과정을 면밀히 검토하며 현장에서 결정되어야 하는 부분들을 확인한다.

이렇게 모든 요소가 충족되어야 단 하나의 컷이 완성된다. 특히 감정 표현이 중요한 연기 장면의 경우, 배우의 컨디션과 연출의 디렉션에 따라 테이크를 반복하며 완성도를 높인다. 이러한 방식은 사실성과 현장성을 강점으로 하며, 관객에게 '현실감' 있는 스토리텔링을 제공하는 장점이 있다. 그러나 동시에, 장소와 시간, 인원, 날씨, 장비 등 수많은 외적 변수에 영향을 받기 때문에 높은 예산과 긴 제작 기간이 요구된다.

이러한 프리 프로덕션(Pre- Production) 단계와 프로덕션(Production) 단계를 잘 마친다고 해도 후반 작업이라 불리는 포스트 프로덕션(Post-Production) 단계에서 촬영된 데이터를 관리하면서 편집을 진행한다. 기본적인 컷 편집을 토대로 클라이언트와 의견을 주고받으며 수정 작업을 한다. 컷 편집이 완료되면 여기에 시각적 효과로 2D와 3D 시각 디자인과 모션 그래픽 작업을 하고 오디오 부분을 구상하여 배경 음악이나 배우의 후시 녹음을 비롯한 사운드의 디테일한 부분들을 믹싱한다. 최종 완성된 영상물에는 색 보정으로 전체의 영상 완성도를 높인다.

반면 모션 그래픽과 3D 그래픽을 활용한 시각 디자인 기반의 영상 제작은 실제 세상을 기록하기보다, 가상의 시각적 요소들을 창조하고 조합해 의미를 전달하는 방식이다. 이 제작 방식은 방송 타이틀, 영화 오프닝 시퀀스, 인포그래픽 영상, 제품 애니메이션, 가상공간 시뮬레이션 등에서 폭넓게 활용된다. 전통 촬영 기반 영상과 달리, 실제 카메라는 필요하지 않다. 필요한 것은 디자이너의 창의력과 디자인 소프트웨어를 다루는 기술이다.

모션 그래픽은 주로 2D 디자인 요소(텍스트, 아이콘, 벡터 일러스트, 이미지 소스 등)를 움직임으로 표현하여 정보 전달이나 시각적 리듬을 부여하는 방식이다. 디자인 단계에서는 어도비 일러스트나 포토샵으로 정적인 이미지를 설계하고, 이를 애프터이펙트 등의 툴로 애니메이션으로 구현한다. 키프레임(Keyframe), 인터폴레이션(Interpolation), 이즈인/아웃(Ease In/Out), 모션블러(Motion blur) 등 다양한 애니메이션 기법이 적용되어 움직임의 자연스러움과 표현력을 확보한다. 모션 그래픽의 가장 큰 장점은 '추상적인 개념이나 메시지를 시각적으로 단순화하여 전달할 수 있다'는 점이다. 복잡한 통계나 사회적 메시지를 직관적으로 설명하거나, 브랜드의 감성을 텍스트와 색상으로 시각화하는 데 강력한 도구로 활용된다.

한편 3D 그래픽 기반의 영상 제작은 훨씬 더 고차원적인 시각적 구현을 가능하게 한다. 3D 모델링, 텍스처링, 라이팅, 애니메이팅, 렌더링의 과정을 거치며 완전한 가상 세계를 구축할 수 있기 때문에 건축 시각화, 제품 시연 영상, 게임 시네마틱, 가상공간 시뮬레이션, 애니메이션 영화 등에서 핵심 기술로 활용되어 왔다. 대표적인 툴로는 시네마4D(Cinema 4D), 블렌더(Blender), 마야(Maya) 등이 있으며, 렌더링 엔진으로는 레드시프트(Redshift), 옥테인(Octane), 아널드(Arnold) 등이 있다.

이러한 3D 기반 영상 제작은 현실을 뛰어넘는 상상력의 구현이 가능해 크리에이티브의 자유도가 매우 높다. 또한 물리적 제약 없이 모든 장면을 설계하고 수정할 수 있어 반복 작업에 유리하고, 장면의 질감과 조명, 움직임까지 제어 가능하다. 단점은 높은 기술적 난이도와 작업 시간, 렌더링 비용이다. 한 장면을 수 시간에 걸쳐 렌더링하는 경우도 흔하며, 창작자의 수작업이 여전히 많다.

결국 영상 제작은 실제 공간과 피사체를 중심으로 진행되는 촬영 기반 방식과, 시각 디자인과 디지털 모델링으로 장면을 설계하고 구성하는 디자인 기반 방식이라는 두 축으로 발전해 왔다. 두 방식은 상호 보완적이며, 최근 영화나 광고, 뮤직비디오에서도 이 두 방식을 유기적으로 결합한 하이브리드 형태가 일반화하고 있다. 실사 촬영된 인물 위에 3D 그래픽을 합성하거나, 모션 그래픽 위에 촬영된 화면을 삽입하는 식의 혼합적 제작 방식은 영상 표현의 폭을 극적으로 확장해 왔다.

AI와 영상디자인 프로세스의 변화

영상 콘텐츠 제작은 고도로 숙련된 전문가들의 영역이었다. 한 편의 영상이 완성되기까지 수많은 단계와 수많은 사람이 필요한 복합적 과정이었다.

기획 단계에서는 아이디어를 구상하고 시나리오를 쓰며, 콘티와 제작 일정을 짜고 예산을 편성했다. 광고를 만든다면 마케팅팀, 기획자, 작가, 연출가가 함께 모여 방향성과 메시지를 설정했다. 영화나 드라마는 수개월에 걸쳐 서사 구조와 캐릭터 구성을 완성하는 시나리오 작가의 작업이 핵심이다. 창작은 언제나 시간과 노동을 바탕으로 굴러가는 일이다.

촬영에 돌입하면 많은 자원과 협업이 필요하다. 세트와 조명을 세팅하고, 카메라 구도와 동선을 맞추고, 배우가 감정을 표현하고, 음향팀이 현장의 소리를 수음하는 모든 일이 정밀하게 맞물려야만 '한 장면'이 완성된다. 예를 들어 1941년 영화 〈시민 케인(Citizen Kane)〉의 촬영감독 그레그 톨런드(Gregg Toland)는 딥포커스 장면을 위해 초점 거리와 조명을 수없이 조정했고, 이는 기술적 한계 속에서 창의성을 발휘한 사례로 기억된다. 상업 광고 현장에서도 몇 초의 컷을 위해 수십 명이 종일 움직이고, 사소한 연출의 차이를 위해 테이크를 수십 번 반복했다. 이러한 제작 방식은 창작의 집약체였지만 동시에, 진입장벽이 높은 영역이기도 했다.

편집 역시 마찬가지였다. 디지털 편집 툴이 등장하기 전까지는 필름을 물리적으로 이어 붙여야 했고, 이후 프리미어, 파이널 컷, 애프터이펙트 같은 툴을 사용하기 위해 오랜 학습이 필요했다. 컷을 고르고 자르고 붙이고, 음악과 자막을 얹고, 색 보정과 효과를 적용하며 영상은 점차 형태를 갖춘다. 편집자는 오로지 감각과 숙련도로 장면의 호흡을 조율했고, 모션 그래픽 디자이너는 수백 개의 키 프레임을 일일이 세팅하며 이미지에 생명을 불어넣는다. 영상 한 편의 완성은 하나의 종합 예술이자, 막대한 노동의 산물이다.

그러나 2025년의 영상 제작 환경은 이 모든 질서를 근본적으로 뒤흔드는 전환기를 맞고 있다. 그 중심에 '생성형 AI'가 있다. 이제는 단지 영상 제작 도구가 디지털화한 것이 아니라 창작의 핵심 역할 자체를 AI가 수행하고 있다. 먼저 변화가 시작된 곳은 기획 단계다. 작가가 밤을 새워 쓰던 시나리오 초안을 이제는 텍스트 프롬프트 한 줄로 AI가 생성한다. "2030세대 여성을 위한 친환경 브랜드 광고 시안"이라는 문장을 입력하면, GPT 기반의 스토리텔링 AI는 시나리오 초안, 시각적 콘셉트, 타깃 분석을 포함한 전체 기획 구조를 제안한다. 일러스트 생성형 AI는 콘티 이미지까지 자동으로 만든다. 수많은 회의와 아이디어 회의가 필요하던 과정을, 이제는 한 사람과 AI가 하루 만에 완성할 수 있게 된 것이다.

촬영 또한 혁명적인 변화를 겪고 있다. 런웨이(Runway), 피카(Pika) 같은 AI 영상 생성 플랫폼은 텍스트만으로 영상 클립을 생성한다. "안개 낀 숲속에서 빨

간 우산을 쓴 소녀가 걷는다"는 문장을 입력하면, 실제 카메라로 촬영한 듯한 영상을 AI가 만든다. 더 나아가 인간 배우를 대체할 수 있는 '버추얼 휴먼'도 이미 현실이 되었다. 신디시아(Synthesia)나 딥브레인AI(DeepBrain AI)는 다양한 국적, 표정, 목소리를 가진 디지털 인물을 제공하며, 뉴스 영상, 교육 콘텐츠, 브랜드 홍보 영상에 활용되고 있다. 실제로 한 국내의 대형 은행은 하루에 수십 편의 정보를 AI 아나운서가 전달하고 있으며, 고객 응대용 가상 상담사도 점차 현실화하고 있다. 물리적 공간과 사람 없이 콘텐츠를 '촬영'할 수 있게 된 것이다.

편집과 영상 디자인의 영역도 마찬가지다. 영상 편집 플랫폼들은 이제 AI가 주요 컷을 골라 자동으로 배열하고, 음악의 리듬에 맞춰 장면 전환을 적용하며, 자막과 색 보정을 추천한다. 어도비의 생성형 AI 센세이(Sensei)는 영상의 감정에 맞는 색감을 제안하며, AI 음성 인식으로 자막이 자동 생성된다. 디자이너가 수작업으로 만들던 모션 그래픽도, 이제는 프롬프트 한 줄로 완성된다. "텍스트가 화면 중앙에 뜨고 파도처럼 흔들리며 사라지게 해 줘"라는 명령어로 복잡한 이펙트가 즉시 구현된다. 디자이너는 툴을 다루는 기능자가 아니라, 수많은 자동 결과 중에서 가장 적절한 시각적 메시지를 선택하고 조율하는 '아트 디렉터'로 역할이 바뀌고 있다.

배포 방식 역시 근본적으로 달라졌다. 과거에는 마케팅팀이 어떤 시간대에 어떤 플랫폼에 영상을 게시할지 수작업으로 계획해야 했다. 그러나 2025년 현재는 AI가 영상의 내용을 분석하고, 소비자 행동 데이터를 실시간으로 수집해 어떤 타이밍에 어떤 콘텐츠가 가장 높은 도달률을 기록할지 예측한다. 더 나아가 영상 자체를 사용자 성향에 따라 자동으로 변형시키는 '하이퍼 퍼스널 콘텐츠'까지 가능하다. 동일한 제품 광고 영상이라도, 20대 여성에게는 감성 중심의 버전이, 40대 남성에게는 실용 정보 중심의 버전이 자동으로 생성되고 배포된다. 유튜브의 쇼츠, 인스타그램 릴스 같은 플랫폼에서 이러한 AI 기반 실시간 콘텐츠 최적화는 이미 일상이 되고 있다.

이처럼 영상 제작 전 분야가 AI에 의해 재편되면서, 시장 전체도 빠르게 구조를 바꾸고 있다. 크리에이티브는 전문가들의 독점물이 아니고, 이제는 초보자도 하나의 제작자(Creator)가 되어 단시간에 고품질 콘텐츠를 제작할 수 있다. 동시에 제작자의 역할은 단순한 기술자가 아닌 전략가, 감각자, 디렉터로 이동하고 있다. AI가 제안하는 수많은 가능성 중에서 가장 적절한 것을 선택하고, 창의적인 판단을 더해 콘텐츠의 정체성과 품격을 완성하는 일. 그것이 이제 영상 제작자의 새로운 정체성이 되고 있다.

하지만 이러한 변화는 새로운 윤리적·사회적 문제도 동반한다. AI가 만든 영상의 진위는 점점 구분하기 어려워지고 있고 딥페이크, 허위 정보, 표절, 저작권 문제는 여전히 제도적으로 해결되지 않은 채 남아 있다. 일부 국가는 AI 생성 영상에 대한 식별 의무를 법제화하고 있으며, 크리에이티브 업계에서도 생성 영상에 대한 윤리 가이드를 마련하고 있다. 앞으로의 영상 제작은 기술의 진보뿐 아니라, 콘텐츠의 진정성과 사회적 책임까지 고민하는 시대로 진입하고 있다.

결국 영상 제작은 더 쉬워진 것이 아니다. AI의 시대에 우리는 오히려 영상이라는 매체를 더 본질적으로 다시 바라보게 된다. 왜 이 장면을 찍는가? 이 이야기를 누구에게 전하려 하는가? 이 시각적 표현이 어떤 감정을 전달할 수 있는가? 이러한 질문들이 더욱 중요해지는 지금, 영상 제작자는 기술 너머에서 콘텐츠의 본질을 지켜내는 예술가이자 설계자다.

생성형 AI는 영상 창작의 문턱을 낮췄지만, 그 안에서 창조성과 비전을 담아 낼 주체는 여전히 인간이다. 그리고 그 인간의 역할은 이제 기계를 이끄는 것이 아니라 기계와 함께 창조하는 새로운 작가 형태로 진화하고 있다.

참고문헌

Kowalski, D.(2024.11.5). AI vs Traditional Video Production: Which Approach Suits Your Brand?. unscript. https://www.unscript.ai/blog/ai-vs-traditional-video-productionhttps://www.unscript.ai/blog/ai-vs-traditional-video-production

Nymelusi(2025.1.2). AI Video Generation vs Traditional Video Editing: Which One Is Right for You?. Medium. https://medium.com/@nymelusi/ai-video-generation-vs-traditional-video-editing-which-one-is-right-for-you-765b9c020eb1

Paracast.io(2025.1.18). AI vs Traditional Video Production: Cost and Time Analysis. https://www.paracast.io/blog/ai-vs-traditional-video-production-cost-and-time-analysis/

06
영상 제작 현장에서 AI 활용과 의미

AI의 도입은 영상 제작 현장에 '효율'과 '창의'를 동시에 불어넣고 있다. 과거 수작업에 의존하던 기획, 촬영, 편집의 전 과정을 AI가 보조하거나 대체하면서 제작 시간과 비용을 획기적으로 줄이고, 창작자에게는 더 많은 실험과 시도의 여지를 제공한다.
도구를 넘어 AI는 이제 영상 제작의 새로운 파트너로 자리 잡고 있다.

AI와 야구?

보조 도구에서 제작 주체로의 변화

영상 제작은 늘 시간, 인력, 장비라는 세 가지 제약 속에서 창의와 효율 사이를 끊임없이 조율하는 작업이었다. 그러나 최근 몇 년 사이 생성형 AI와 다양한 AI 기반 기술의 도입은 영상 제작 현장에 획기적인 변화를 불러왔다. AI는 단순한 보조 기술을 넘어, 창작의 여러 단계에서 '실질적인 제작 주체'로 자리 잡고 있으며, 현장의 작업 방식과 제작자의 역할까지 바꾸고 있다.

과거 영상 기획 단계에서는 아이디어 도출, 대본 작성, 스토리보드 구성 등 대부분의 작업을 기획자의 감각과 수작업에 의존했다. 하지만 최근에는 텍스트 기반 생성형 AI를 활용해 기획 속도를 높이는 사례가 급증하고 있다. 한 디지털 콘텐츠 제작사는 유튜브 쇼트폼 콘텐츠를 제작할 때, 챗GPT로 대본의 초안을 자동으로 생성한 후, 이를 기획자가 감수하는 방식으로 콘텐츠 기획 시간을 절반 이상 줄였다.

스토리보드는 영상 제작의 설계도 같은 존재다. 장면의 구성, 인물의 동선, 카메라 구도, 감정의 흐름 등을 시각적으로 예고하고 정리하는 작업으로, 과거에는 콘티 작가가 연출자의 설명을 바탕으로 하나하나 직접 그림을 그려야 했다. 하지만 오늘날 영상 제작 현장에서는 생성형 AI의 도입으로 이 과정이 훨씬 빠르고 직관적으로 바뀌고 있다. 단순한 스케치나 샘플 이미지를 넘어, 구체적이고 사실적인 장면 이미지를 자동 생성해 주는 AI 도구들이 속속 등장하면서, 스토리보드는 점점 더 자동화되고 정밀해지는 방향으로 진화 중이다.

AI를 활용한 스토리보드 제작의 시작은 기획자가 영상의 시나리오나 장면 설명을 텍스트로 정리하는 것에서 출발한다. 예를 들어 "젊은 여성이 새벽의 지하철 객실에 앉아 있다. 조명이 어둡고 외로운 분위기" 같은 문장을 입력값으로 사용하게 된다. 이처럼 장면의 배경, 등장인물, 감정, 조명 상황 등을 설명하는 텍스트는 곧 AI에게 전달할 시각적 지시문이 된다. 이 텍스트 프롬프트는 구체적일수록 좋다. 예컨대 "35mm 시네마틱 구도, 부드러운 파란 조명, 측면 뷰, 단발머리 여성, 텅 빈 지하철 내부"와 같은 식의 묘사는 이미지 생성의 정밀도를 높인다. 이 프롬프트는 미드저니(Midjourney), 달리(DALL · E), 스테이블 디퓨전(Stable Diffusion) 등과 같은 텍스트투이미지(Text-to-Image) AI 도구에 입력된다. 그러면 AI는 사용자의 설명을 바탕으로 몇 초 내에 그 장면을 시각적으로 구현한 이미지 여러 장을 출력한다. 기존에는 디자이너나 콘티 작가가 몇 시간, 때로는 며칠씩 투자해야 했던 콘티 이미지들이 이제는 실시간으로 생성되는 것이다. 물론 이 이미지들은 단순히 시각화의 출발점이므로, 현장에 맞는 감정이나 연출 의도를 더 정밀하게 반영하기 위해 리터칭이 필요할 수 있다. 이때 포토숍(Photoshop)이나 캔바(Canva) 등의 디자인 툴을 사용하여 색감이나 인물 표정을 조절하고, 피그마(Figma)나 파워포인트(PowerPoint), 밀라노트(Milanote) 등에서 장면별 컷을 배열해 스토리보드 양식에 맞춰 정리하게 된다. 스토리보드 상단에는 생성된 이미지, 하단에는 해당 장면의 설명과 대사, 카메라 움직임을 함께 기재하여 실제 제작 현장에서 활용 가능한 콘티시트로 완성된다. 특히 이 방식은 클라이언트에게 기획안을 시각적으로 설명할 때 매우 유용하다. 말로 설명하던 추상적 장면이 이미지로 제시되면 이해와 피드백이 훨씬 빨라진다.

더 나아가 생성형 AI는 이미지를 만드는 데 그치지 않는다. GPT 계열의 언어 AI를 활용하면 "이 장면은 어떤 톤의 음악이 어울릴까?", "어떤 카메라 렌즈로 촬영해야 가장 효과적일까?" 같은 질문으로 감정 톤과 시각적 연출에 대한 분석까지 얻을 수 있다. 영상 전체의 분위기를 고려한 장면 구성이나 시퀀스 간 전환 효과까지도 AI가 제안하는 것이다. 특히 드라마틱한 흐름이 중요한 영상물에서는 장면별 감정 곡선을 사전에 분석하고 스토리보드에 반영하는 작업이 한층 정교해질 수 있다. 과거에 최소 2~3명의 작업자, 수일의 시간이 필요했던 작업을 이제 한 명이, 하루 안에 완성할 수 있는 것이다. 특히 프리랜서 감독이나 1인 크리에이터, 빠른 피치 작업이 필요한 광고 기획자들에게는 큰 시간 절감과 커뮤니케이션 효율을 가져다준다. 그 결과 스토리보드는 이제 단순한 기획 도구를 넘어 생성형 AI와 협업하는 새로운 영상 설계의 단계로 진화하고 있다.

촬영 현장에서도 AI의 개입은 점차 활발해지고 있다. 실제 사람을 촬영하는 대신, AI가 생성한 버추얼 휴먼을 사용하는 사례가 대표적이다. 국내 대형 보험사는 자사 유튜브 채널의 상담 안내 영상을 기존 직원 대신 AI 아나운서를 활용해 제작하고 있다. 이는 일정 조율이나 촬영에 들어가는 비용을 줄이는 동시에, 같은 콘텐츠를 다양한 언어로 확장 제작하는 데도 유리하다.

더불어 배경 합성이나 조명 시뮬레이션을 AI로 미리 테스트하면서 실제 촬영 환경을 가상으로 설계하는 프리비즈 작업도 보다 정교해졌다. 덕분에 촬영 전 실수를 줄이고, 현장에서는 보다 효율적으로 연출에 집중할 수 있게 되었다. 편집 단계에서의 AI 활용은 이미 상용화 수준에 도달하고 있다. 예를 들어 영상 편집 툴인 런웨이(Runway)와 피카 랩스(Pika Labs)는 사용자가 업로드한 클립에서 인물 중심의 장면을 자동으로 식별하고, 중요도가 낮은 컷은 제거하며, 음악의 리듬에 맞춰 장면 전환과 시각 효과까지 제안한다. 실제로 국내 한 디지털 콘텐츠 팀에서는 30분짜리 인터뷰 영상을 3분짜리 하이라이트 영상으로 줄이는 데 기존에는 6~7시간이 소요됐지만, 런웨이의 컷 요약 기능 활용으로 2시간 이내로 단축할 수 있었다. 또한 어도비 프리미어 프로(Adobe Premiere Pro)의 스피치투텍스트(Speech-to-Text) 기능은 인터뷰 영상 속 화자를 음성 인식으로 구분하고 자동으로 자막을 생성해, 자막 삽입에 걸리던 노동 시간을 획기적으로 줄이고 있다. 특히 유튜브나 쇼츠용 콘텐츠를 대량 제작하는 팀에서는 AI가 자동으로 수직 영상으로 리프레임(Reframe)하고, SNS 플랫폼에 맞춰 해상도와 자막 스타일을 최적화하는 기능으로 작업 흐름의 생산성을 크게 향상하고 있다.

시각 디자인 측면에서도 변화는 눈에 띄게 뚜렷하다. 특히 모션 그래픽과 3D 작업에서는 AI 기반 자동 애니메이션 생성, 스타일 전환, 텍스트 모션 적용 기능 등이 주류가 되고 있다. 예를 들어 모션 그래픽 디자이너들이 많이 사용하는 애프터 이펙트(After Effects)에는 AI 플러그인인 '모션 툴스 프로(Motion Tools pro)'가 탑재되어 있어, 사용자가 지정한 텍스트와 스타일만으로 다채로운 인트로 애니메이션을 자동 생성할 수 있다. 예전 같았으면 키프레임을 수십 개 설정하고 이징(Easing) 값을 조정해 가며 4~5시간이 걸렸던 작업이, 이제는 기본 틀을 10분 안에 뽑아 세부만 다듬는 방식으로 작업 흐름이 전환된 것이다.

3D 디자인 분야에서도 변화가 두드러진다. 예를 들어 제품 홍보 영상을 제작하는 한 스튜디오는 블렌더(Blender)와 함께 캐딤(Kaedim)이라는 AI 기반 모델링 툴을 병행 사용한다. 클라이언트가 준 2D 이미지나 아이디어 스케치를 업로드하면 캐딤이 이를 바탕으로 초기 3D 모델을 자동 생성하고, 디자이너는 그 위에 세부 디테일과 애니메이션을 덧입힌다. 이 방식은 특히 제품의 움직임, 조립 방식, 사용 방법 등 시각화에 유용하며, 복잡한 산업 장비나 전자기기의 내부 구조를 설명하는 영상에서 효과적으로 활용되고 있다. 한 번의 수정을 위해 모든 신(scene)을 다시 모델링하고 렌더링하던 기존 방식에 비해, AI가 만들어 놓은 베이스 모델은 반복적인

수정과 속도 면에서 현저한 효율 차이를 만든다.

AI와 디자이너의 역할

결국 이러한 변화는 디자이너를 '기술자'에서 '창의적 큐레이터'로 변화시키고 있다. 반복적인 조작보다 콘셉트, 분위기, 감성에 대한 해석력이 중요하며, AI가 만든 수많은 시안 중에서 목적에 가장 부합하는 표현을 선택하고 조율하는 감각이 곧 경쟁력이 되고 있다.

디자이너는 도구를 넘어서, AI와 함께 의미를 조율하고 감정을 디자인하는 크리에이티브 디렉터로 진화하고 있는 것이다. 이처럼 AI는 영상 제작 현장의 다양한 과정에서 시간을 줄이고, 비용을 낮추며, 표현의 폭을 넓히는 도구로 작동하고 있다. 그러나 그보다 더 중요한 변화는 제작자 자신의 역할 변화다. 단순히 도구를 다루는 기술자에서, 이제는 AI가 제안하는 수많은 가능성 중 가장 적절한 것을 골라내고 조율하는 콘텐츠 디렉터, 크리에이티브 큐레이터로서의 역량이 중요해지고 있다.

AI는 기술을 넘어 제작 방식과 역할 구조를 근본적으로 바꾸고 있다. 빠르게 콘텐츠를 생산할 수 있는 능력뿐 아니라 AI가 만든 결과물의 윤리성과 감정적 맥락, 문화적 적절성까지 판단하는 새로운 책임도 제작자에게 요구되고 있다. 이제 영상 제작 현장은 '직접 만드는 것'에서 'AI와 함께 설계하고 감별하는 것'으로 이동하고 있으며, 이는 단순한 기술 변화가 아닌 창작 패러다임의 전환이라 할 수 있다.

참고문헌

김은아 · 안종혁(2025). 영상 제작 분야에서의 생성형 AI 활용에 관한 고찰 – 실제 프로젝트 제작 경험을 중심으로. 《커뮤니케이션디자인학연구》, 90.

dropshotmatch(2024.3.20). AI 영상 제작 사이트 TOP 5: 핵심 기능부터 활용 사례까지. https://www.dudum.io/blog/ai-영상-제작-사이트-top-5-핵심-기능부터-활용-사례까지-5431

07
생성형 AI 플랫폼의 영상 생성 원리

글과 이미지 생성을 넘어 생성형 AI 플랫폼의 영상 생성은 더 이상 상상 속 기술이 아니다. 텍스트 한 줄이면 장면이 만들어지고, 현실처럼 움직이는 영상을 즉시 구현할 수 있는 시대가 도래했다. 이는 단순한 자동화가 아니라 언어와 시각, 시간의 데이터를 복합적으로 해석하고 합성하는 AI 모델의 진화 덕분이다. 영상 제작의 패러다임을 바꾸고 있는 이 기술의 작동 원리는, 창작과 알고리즘이 어떻게 연결되는지를 이해하는 중요한 열쇠가 된다.

AI와 윤동주?

글과 이미지를 넘어

영상 제작의 본질은 시각적 언어로 메시지를 전달하는 일이다. 오랫동안 이 작업은 기획자, 연출자, 촬영감독, 편집자, 디자이너 등 수많은 전문가의 협업으로 이루어졌고, 상당한 시간과 비용이 필요했다.

그러나 최근 몇 년 사이 생성형 AI 기반의 영상 제작 플랫폼들이 등장하면서 상황은 급격히 바뀌고 있다. 이전에는 개발자를 중심으로 깃허브(Github) 및 허깅페이스(HuggingFace) 등의 플랫폼으로 이미지 혹은 동영상 내 특정 부분을 변형하거나 전체 스타일을 바꿔 주는 형태의 모델이 공개되어 보급되는 수준이었다면, 지금은 젠2(Gen2)처럼 짧은 길이의 영상을 간편하게 생성해 주는 서비스가 공개적으로 판매되고 있다. 이러한 서비스의 등장은, AI 모델 실행을 위해 코드에 대한 이해와 높은 사양의 컴퓨터를 필수적으로 요구하던 과거와는 다르게, 누구든지 손쉽게 동영상을 만들고 변형할 수 있는 시대를 열어 주었다. 특히 런웨이(Runway), 카이버(Kaiber), 그리고 구글 비오 3(Veo 3)는 저마다 독특한 방식으로 영상을 생성하며, 영상 제작 현장에 실제적인 변화와 파장을 일으키고 있다. 이 플랫폼들은 단순히 이미지를 움직이는 기술이 아니라 인간의 언어를 해석하여 정교한 시청각 콘텐츠로 변환하는 복합적인 AI 기술의 집약체다.

가장 대표적인 플랫폼 중 하나인 런웨이는 특히 영상·디자인 업계에서 높은 활용도를 보인다. 런웨이의 핵심은 텍스트와 이미지 기반의 프롬프트를 받아서 시네마틱한 영상 클립을 생성하는 능력이다. 예를 들어 "눈 내리는 도심의 밤, 붉은 조명이 비치는 거리에서 우산을 쓴 여성이 천천히 걷는다"라는 문장을 입력하면, AI는 그에 맞는 장면을 수 초 내로 생성한다. 최신 버전인 런웨이 젠4(Gen-4)는 특히 장면 내 시간적 일관성, 조명 변화, 질감의 리얼리즘에서 괄목할 만한 진전을 이뤘다. 영상 속 등장인물이나 배경이 프레임마다 바뀌는 문제를 개선해, 한 장면 안에서 배우가 동일하게 유지되며 카메라 워킹이나 조명도 실제 촬영처럼 자연스럽게 적용된다. 실제로 링컨 자동차 광고가 이 플랫폼으로 제작되어 공개되었고, 이는 광고 업계에 큰 반향을 일으켰다. 광고주와 감독은 수천만 원이 들 수 있는 로케이션 촬영 대신, 런웨이의 프롬프트 기반 생성으로 비교적 저비용으로 고품질 콘텐츠를 완성할 수 있었다.

반면 카이버는 보다 간결하고 직관적인 사용성을 지닌 플랫폼으로, 1인 크리에이터와 뮤지션, 디자이너 들

사이에서 인기를 끌고 있다. 카이버는 정적 이미지 한 장을 받아 이를 영상으로 확장하는 기능에 특화되어 있으며, 특히 오디오 리액티브 비주얼 기능을 제공한다. 이는 음악의 박자나 음색 변화에 맞춰 시각 효과가 자동 생성되는 기능으로, 라이브 공연 배경 영상이나 앨범 트레일러 제작에 매우 적합하다. 예를 들어 한 뮤지션이 자신의 앨범 커버를 카이버에 업로드하고 음악을 삽입해, 표지 이미지가 음악에 맞춰 움직이고 변화하는 다이내믹한 영상 콘텐츠를 제작했다. 실제로 서브루 자동차, 나이키, 아디다스와 같은 브랜드가 카이버로 제작한 소셜 미디어 광고 콘텐츠를 공개했는데, 짧고 강렬한 인상을 주는 이 영상들은 틱톡과 인스타그램 릴스 등 짧은 포맷 중심 플랫폼에서 특히 효과적이었다. 카이버는 복잡한 프롬프트 없이도 사용자가 이미지와 사운드를 업로드하면 영상이 자동 생성되는 구조이기에, 디자이너가 아닌 사용자도 쉽게 접근할 수 있다.

가장 최근 주목받고 있는 구글의 비오 3는 생성형 AI 영상 기술의 정점을 보여 주는 사례다. 비오는 고해상도 출력, 장시간 클립 생성, 장면 간 논리적 일관성이라는 측면에서 기존 플랫폼을 능가하는 기술력을 자랑한다. 핵심은 텍스트 기반 명령어를 단순히 '장면'으로 번역하는 것이 아니라, 전체 시퀀스 구조를 분석하고 구성한다는 점이다. 예를 들어 "뉴욕의 가을 아침, 맨해튼 거리 위로 햇살이 번져 오고, 사람들이 출근길을 걷는다"는 프롬프트를 입력하면, 비오는 이 문장을 단일 장면이 아닌, 멀티 숏 시퀀스로 인식한다. 도심의 전경, 인물 클로즈업, 카메라 팬 등 다양한 컷을 조합해 영화의 한 장면처럼 구성한다. 비오는 비전랭귀지(Vision-Language) 모델과 3D 공간 이해 알고리즘을 함께 사용하여, 가상의 카메라 움직임, 조명 시뮬레이션, 오디오 연동까지 구현 가능하다. 특히 비오 3는 구글 딥마인드(Google DeepMind)에서 개발된 최신 초거대 멀티 모달 모델 기반으로 작동하며, 향후 어도비(Adobe)나 유튜브와의 연동도 예고되고 있다. 공개된 비오 기반의 샘플 영상 중, 가상 거리 인터뷰 영상은 등장인물의 표정과 움직임, 배경 변화, 조명 디테일까지 실제 촬영과 구별이 어려울 정도로 정교해졌다.

이처럼 각 플랫폼은 고유한 철학과 기술 구조를 바탕으로 서로 다른 사용자층을 겨냥하고 있다. 런웨이는 전문가와 팀 단위 사용자를 위한 고정밀 크리에이티브 툴, 카이버는 크리에이터와 대중을 위한 즉흥적이고 감각적인 비주얼 제작 도구, 비오는 아직 초기지만 영화 수준의 고급 시각 연출이 가능한 차세대 영상 AI로 자리 잡아 가고 있다. 공통적으로 이들은 영상 제작의 시간과 비용을 대폭 줄이며, 동시에 상상만 가능했던 시각적 아이디어들을 실제 결과물로 빠르게 구현해 낸다는 점에서 강력한 창작 도구로 평가된다.

생성형 AI 플랫폼의 생성 원리

생성형 AI 영상 플랫폼이 보여 주는 놀라운 결과물은 단순한 그래픽 트릭이나 자동 편집 기술이 아니다. 이들은 인간의 언어와 시각 정보를 이해하고, 그것을 시간에 따라 움직이는 형태로 재구성하는 고도로 복합적인 AI 모델의 결합체다. 런웨이, 카이버, 구글 비오 3처럼 서로 다른 사용자층과 기능을 가진 플랫폼이라도, 그 안에 작동하는 핵심 원리는 같다. 바로 텍스트와 시각 데이터 간의 의미 연결, 시간 축의 영상 생성, 프레임 간 일관성 유지라는 세 가지 축을 중심으로 이해할 수 있다.

가장 핵심 기반 기술은 멀티 모달 AI다. 인간은 언어와 이미지를 동시에 이해하고 상상한다. 마찬가지로 생성형 AI도 "어두운 골목길에서 빗소리를 들으며 걷는 인물"이라는 문장을 단지 텍스트로 받아들이는 것이 아니라, 이 안의 단어와 구조에서 시각적 요소를 추출한다.

'어두움'은 조명 조건, '골목길'은 공간 배경, '걷는 인물'은 동작이 되고, '빗소리'는 분위기와 환경 요소로 인식된다. 이를 가능하게 하는 기술이 이미지와 텍스트를 학습시켜, 서로의 의미를 이해하고 연결할 수 있도록 만든 멀티모달 AI 모델인 클립(CLIP, Contrastive Language-Image Pretraining)이나 시각 정보와 언어 정보를 동시에 이해하고 추론하는 VLT(Vision-Language Transformer)와 같은 구조다.

AI는 사전 학습으로 수십억 장의 이미지와 설명된 문장을 매칭해 왔기 때문에, 언어가 뜻하는 시각적 세계를 통계적으로 예측하고 생성할 수 있는 능력을 갖추고 있다. 단어는 AI에게 일종의 '시각적 지시어(Prompt)'로 작동하며 이로부터 이미지의 형태, 구도, 질감, 색감 등을 결정하게 된다. 정적인 이미지를 만드는 것과 달리 영상을 생성한다는 것은 시간의 흐름 속에 시각적 요소를 배열하고 변화시키는 일이다. 이를 위해 대부분의 플랫폼은 디퓨전 모델(Diffusion model)을 기반으로 한다. 이 방식은 원래 잡음(Noise)으로 가득한 이미지를 점차 선명하게 복원해 가며 결과물을 생성하는데, 최근에는 이를 비디오 전용 구조로 확장한 '비디오 디퓨전 모델'이 사용된다.

비디오 디퓨전 모델을 작업 단계별로 설명하자면 가장 먼저 프롬프트나 텍스트, 이미지 등을 사용자가 입력하면 AI는 잠재 공간 인코딩(Latent Representation)으로 영상이 어떤 내용이어야 하는가를 인식한다. 그 후 영상 시퀀스를 구성할 프레임마다 랜덤 노이즈를 추가하는데 이 단계를 노이즈 주입(Forward Process)이라 부른다. 노이즈가 주입되면 학습된 디퓨전 모델이 수백, 수천 단계로 순차적으로 노이즈를 제거하는 역확산 처리(Reverse Process)를 하는데 이 과정 이후에 3D 공간이나 빛의 방향, 프레임 간 인물의 위치, 배경 변화 등이 적용된다. 이러한 시간 일관성 부여(Temporal Coherence)를 거쳐 최종 출력을 한다. 이러한 방식으로 런웨이의 경우도, 생성할 장면의 주요 요소를 먼저 고정하고, 이를 시간 순서대로 점진적으로 생성한다. AI는 '프레임 1'의 인물과 배경을 먼저 만들고, 이후 프레임 2, 프레임 3으로 이어지며 그 위치와 형태가 부드럽게 연결되도록 조절한다. 비오 역시 이 방식의 고도화된 형태로, 각 프레임이 단절되지 않도록 인물의 동작 흐름, 조명의 움직임, 카메라 워크까지 시뮬레이션한다.

영상은 단순한 이미지의 연속이 아니다. 1초를 몇 프레임으로 보여 줄지에 따른 프레임 레이트(Frame rate)

는 달라도 프레임 간에 논리적 일관성, 즉 '움직임의 자연스러움'이 있어야만 사람의 눈에 영상처럼 보인다. 따라서 AI는 각 장면의 공간 구조를 3차원적으로 이해하고, 시간에 따라 그것이 어떻게 변화하는지를 시뮬레이션해야 한다.

여기에는 3D 공간 인식(Depth Estimation), 카메라 트래킹 시뮬레이션, 모션 인퍼런스(Motion Inference) 등의 기술이 활용된다. 예컨대 인물이 왼쪽에서 오른쪽으로 걷는 장면을 만든다고 했을 때, AI는 단순히 인물의 위치만 바꾸는 것이 아니라, 걷는 동작의 자세 변화, 그림자의 이동, 배경의 상대적 움직임, 카메라의 시점 변화 등을 모두 계산해야 한다. 이때 AI는 수많은 영화, 다큐멘터리, 광고 영상에서 학습한 '현실적인 움직임의 통계'를 기반으로 다음 프레임을 예측하고 생성한다.

특히 비오 3는 이러한 시공간 정보 통합 능력이 매우 뛰어나다. 한 장면 내에서 카메라가 이동할 때 피사체의 왜곡 없이 자연스럽게 초점이 유지되며, 물리적 조명 효과까지 시뮬레이션하는 수준에 도달했다.

영상 제작자는 이제 카메라 없이도 '연출'을 할 수 있고, 배우 없이도 '연기'를 만들 수 있으며, 세트를 짓지 않고도 '공간'을 구성할 수 있는 시대를 맞이했다. 생성형

AI는 기술이 아니라 창작의 새로운 파트너로 자리 잡고 있으며, 향후 영상 콘텐츠 산업의 제작 방식 자체를 근본부터 재구성할 가능성을 품고 있다.

참고문헌

이세현(2024). 생성형 AI와의 협업을 통한 효율성 높은 하이브리드 영상 제작 파이프라인 구축. 중앙대학교 첨단영상대학원 석사학위논문.

한영주(2023). AI기술로 리얼리티 그 이상을 초월하는 영상콘텐츠. 《미디어 이슈 & 트렌드》, 56.

Snapbar(2024.9.13). How an AI Video Generator Works. https://snapbar.com/blog/how-an-ai-video-generator-works

Tully, M.(2023). AI Video Generation: What Is It and How Does It Work?. Colossyan. https://www.colossyan.com/posts/ai-video-generation-what-is-it-and-how-does-it-work

08
AI를 활용한 영상 제작 사례

마블의 〈시크릿 인베이전(Secret Invasion)〉 제작을 총괄한 알리 셀림 감독은 인간을 모방하지만 완전히 인간 같지 않은, 다소 불길한 느낌을 주는 AI가 "자유자재로 형태를 바꾸는 '스크럴(드라마에 등장하는 외계 종족)'의 정체성과 잘 어울린다고 생각했다"라고 설명했다.

AI와 한의학?

생성형 AI, 기술로 만드는 리얼리티의 정점

영상 미디어 산업에서 AI가 콘텐츠 제작에 본격적으로 활용되면서 두 눈을 의심하게 만드는 놀라운 장면들이 연출되고 있다.

생성형 AI를 활용한 미디어 아트는 이미지를 학습시킨 AI 데이터를 기반으로 작품을 제작하는 사례라 볼 수 있다. 레픽 아나돌(Refik Anadol)은 서울의 과거와 현재의 데이터를 기반으로 제작한 작품 〈서울 해몽〉으로 동대문디자인플라자(DDP) 서울라이트 프로젝트에 처음 참여했고, 2023년에는 한화 63빌딩에서 〈희로애락〉을 공개했다. 〈희로애락〉은 행복을 나타내는 뇌파, 불꽃놀이, 한국의 전통음악과 케이팝(K-POP) 등, 189만 건에 달하는 한국인의 공동체적 경험을 데이터로 활용하여 만들어진 AI 아트 작품이다. 〈희로애락〉을 비롯한 레픽 아나돌의 작품은, 물감 대신 데이터와 AI 알고리즘을 사용해서 추상적이고 몽환적인 콘텐츠를 구현함으로써, 데이터 미학의 예술 세계를 선도하고 있다는 평가를 받는다.

〈메타-네이처 AI〉는 프랑스의 디지털 아트 거장 미겔 슈발리에(Miguel Chevalier)의 작품으로, '서울라이트 DDP 2023 가을' 행사에서 상영되었다. 작품 속 '가상의 정원'은 꽃, 나무 등 실제 자연 속 식물의 데이터베이스를 바탕으로 AI가 생성한 이미지와 결합하여 만들었다. 가상의 식물들로 사계절의 변화를 구현해 가상과 현실의 자연이 어우러진 '공존의 감각'을 표현했다.

최근 드라마나 예능에서 노년기에 접어든 배우가 전성기 시절로 젊어진 모습이나, 세상을 떠난 아티스트가 다시 무대에서 열창하는 모습을 시청할 때가 있다. 현실에서는 불가능하지만 AI 기술을 이용하면 영상에서는 얼마든지 가능하다. 영상 제작에서 활용된 AI는 눈으로 보고도 믿지 못할 장면과, 이전과 다른 신선한 연출로 시청자의 이목을 끄는 구현 방식으로 즐거움과 감동까지 전달하고 있다.

디에이징(De-aging) 기술은 영화 〈엑스맨: 최후의 전쟁〉(2006)에서 패트릭 스튜어트(Patrick Stewart, 프로페서 X역)와 이언 매컬런(Ian McKellen, 매그니토 역)의 회상 장면에 처음 활용되었다. 과거 디에이징 기술은 캐릭터의 특정 사건과 관련된 어린 시절(혹은 젊은 시절)의 회상 장면을 구현하기 위해 부분적으로 활용되었다. 이는 스토리 맥락을 시간순으로 이해할 보조적 기능이었지만, 기술적 한계로 주변 영상 화면과 부자연스러운 조화를 보이기도 했다.

근래에 디에이징 기술은 리부트(Reboot), 스핀오프(Spin-off), 시퀄(Sequel), 프리퀄(Prequel) 등 동일 스토리와 캐릭터를 바탕으로 세계관이 확장하며 영상 전반에서 시간을 역행한 캐릭터의 모습을 만들거나, 탄탄한 캐릭터 연기를 위해 노년의 배우를 캐스팅한 경우 배우 얼굴을 설정된 캐릭터 연령에 맞추는 것에 사용된다.

영화 제작에서 디에이징 기술은 대체로 배우 얼굴에 작은 마커를 붙여서 촬영한 후, 후반 제작에서 디지털 편집과 CGI(Computer Generated Imagery, 컴퓨터를 이용해 생성한 이미지나 영상), 3D 모션 등을 조합하여 각 시퀀스에 합성된 영상을 입혀서 완성하는 형태다. 반면 최근의 디에이징 기술은 AI 기반 신경망 모델링으로 배우가 과거에 출연한 작품을 바탕으로 영상 정보를 추출해서 촬영본 영상에 덧씌워 구현하는 방식이다. 이는 기존의 영상 정보를 활용해서 시간과 비용을 단축하고 사전에 설정된 기준을 바탕으로 특정 작업 과정을 자동으로 처리한다.

AI와 결합한 디에이징 기술은 기존의 구현 방식을 간소화하며 TV나 OTT로 일상에서 빈번히 즐겨 시청하는 드라마와 예능과 같은 콘텐츠 제작에 활용되는 추세다. 디즈니플러스(Disney+) 오리지널 TV 시리즈 〈카지노〉

에서는 60대에 들어선 배우 최민식이 '차무식' 캐릭터를 30대부터 60대까지 연기하며 화제가 되었다. 과거 드라마는 일반적으로 캐릭터의 젊은 시절은 메이크업, 헤어스타일, 코디와 같이 주변 요소의 설정을 다르게 표현하거나, 이미지가 닮은 연령대의 다른 배우가 대신했다.

이와 달리 〈카지노〉에서는 AI 기반 디에이징 기술로 최민식의 얼굴과 목소리를 젊은 시절로 되돌려 맥락적인 연속성과 완성도를 높였다. 〈카지노〉에서 사용한 AI 기반 디에이징 기술은 크게 '페이스 디에이징'과 '보이스 디에이징'으로 구분된다. 페이스 디에이징은 최민식 얼굴에서 주름을 지우고 피부 톤을 보정하는 방식으로 연령대별 차무식 캐릭터를 구현했다. 그뿐만 아니라, 고교 시절부터 대학 시절까지 차무식은 배우 이규형이 연기했는데 30대 이후 차무식과 이질적인 요소를 최소화하기 위해 페이스 디에이징으로 이규형과 최민식의 얼굴을 자연스럽게 연결했다.

또한 〈카지노〉에서는 보이스 디에이징 기술로 연령대에 맞는 캐릭터의 목소리를 구현해서 섬세함을 높였다. 이를 위해 〈서울의 달〉(1994), 〈파이란〉(2001), 〈올드보이〉(2003) 등 기존에 최민식이 연기한 작품에서 목소리 정보를 수집해서 분석하고 연령대별 목소리 샘플을 만들었다.

이후 현장 녹음본에 목소리 샘플을 적용해서 보정 작업을 통해 영상 장면과 대사가 자연스럽게 어우러지도록 처리해 차무식의 젊은 목소리를 완성했다. 보이스 디에이징을 활용하면 나이와 성별에 맞게 자유로운 목소리 변환이 가능하고 외국어 연기까지 구현할 수 있다. 〈카지노〉는 이러한 장점을 적용하며 세계 최초로 영상 작품에 AI 기반의 보이스 디에이징을 활용한 사례가 되었다.

페이스 에디팅(Face Editing)은 딥페이크(DeepFake) 기술을 발전시킨 AI 기술로 이른바 진짜 같은 가짜를 생동감 있게 만들 수 있다. 페이스 에디팅은 AI 모델 학습에서 생성적 적대 신경망(GAN, Generative Adversarial Network)을 사용해서 해당 영상의 각 프레임에 교체할 얼굴을 합성하는 기술이다. GAN은 인간이 직접 데이터를 만들지 않아도, AI가 스스로 새로운 데이터를 '창조'할 수 있도록 고안된 구조로, 오늘날 이미지 생성, 영상 합성, 스타일 변환 등 다양한 생성형 AI 기술의 토대가 됐다. GAN의 핵심은 두 개의 AI 신경망이 서로 경쟁하며 학습한다는 점이다. 하나는 생성자(Generator)로, 주어진 노이즈(무작위 데이터)에서 가능한 한 진짜 같은 이미지를 만드는 역할이다. 다른 하나는 판별자(Discriminator)로, 생성자가 만든 이미지가 진짜인지 가짜인지 판단하는 감별사 역할을 맡는다. 이 두 AI는 서로를 상대하며 동시에 발전하게 되는데, 마치 위조지폐를 만드는 위조범과 이를 잡으려는 경찰이 계속해서 기술을 겨루는 구조라고 이해하면 쉽다.

페이스 에디팅(Face Editing) 기술은 '학습 데이터 수집-데이터 처리-모델 학습(GAN)-얼굴 교체' 과정을 거친 후, 원본 얼굴과 대상 얼굴을 추출해서 분석과 시각화를 바탕으로 완성도 있는 영상을 구현한다.

페이스 에디팅은 tvN 드라마 〈나빌레라〉에서 최초로 활용되었다. 〈나빌레라〉는 스토리 전개와 인물 관계가 '발레' 중심이기 때문에 주연 배우들의 발레 장면이 반드시 필요했다. 하지만 배우들은 전문 무용수가 아니어서 발레 연기에서 기술적 동작은 실행하기가 어렵고, 실행해도 어설퍼 보일 수밖에 없었다. 이 부분을 보완하기 위해 〈나빌레라〉는 'CJ 리브네트웍스', '스튜디오 드래곤', 'CJ ENM'과 협업해서 AI 기반 페이스 에디팅 기술로 배우들이 고난도 발레 동작을 직접 연기한 것처럼 만들어 냈다. 이 장면은 대역을 맡은 발레리노의 안무와 주연 배우의 얼굴을 합성해 구현했다. 얼굴은 이목구비는 물론

이고 머리 전체 구조와 목 부분까지 합성해 정교하고 자연스러운 모습을 연출할 수 있었다.

생성형 AI로 만들어 낸 리얼리티의 이면

영상 미디어 분야에서 AI 기술은, 감정의 조각이 될 수 있는 이미지들을 모아 하나로 연출 된 아웃풋을 만든 미디어 아트의 영역에 입체적인 생동감을 부여하며, 창작의 가능성을 더 넓히고 있다.

창의적인 상상력은 AI를 이용해서 영상으로 표현될 수 있다. 인간의 생애 주기를 역행해서 젊은이를 노인으로 만들거나, 노인을 젊은이로 만들어 연령의 층위를 넘나들고, 과거 역사 속 인물을 소환하거나 다시 살리며 삶과 죽음마저 무색하게 만든다.

영상 미디어는 우리 삶의 모습을 축소해서 리얼리티(Reality)로 콘텐츠에 담아냈는데, 이는 사실적 표현이 더 정교해지며 현실과 허구의 경계를 분간하기 어려운 하이퍼 리얼리티(Hyper-Reality)를 추구한다. 그러나 이러한 AI로 만들어 낸 디에이징, 딥페이크, 페이스 에디팅은 분명 콘텐츠의 구성, 연출의 범위, 캐릭터를 통한 극의 몰입을 강화하고 더 다양한 시도를 가능하게 하는 긍정적인 결과를 만들 수 있다.

하지만 본래의 취지와 다르게 사회적, 윤리적 문제로 변질될 우려가 있다. 기존 제작 방식에서 벗어난 AI 기반 영상 제작이 단순히 기법의 전환과 새로운 시도로 그치지 않고 활성화되려면, 거시적인 차원에서 이를 둘러싼 잠재적 문제들까지 고려해 건전한 제작 환경을 병행하는 일이 주요하다.

참고문헌

서울문화포털(2023.12.1). [서울라이트 DDP 2023 가을] 미구엘 슈발리에 [메타-네이처 AI]. https://culture.seoul.go.kr/culture/culture/cultureImage/view.do?youtubeId=10513&menuNo=200014

이세현(2024). 생성형 AI와의 협업을 통한 효율성 높은 하이브리드 영상 제작 파이프라인 구축. 중앙대학교 첨단영상대학원 석사학위논문.

한영주(2023). AI기술로 리얼리티 그 이상을 초월하는 영상콘텐츠. 《미디어 이슈 & 트렌드》, 56.

한화 블로그(2023.10.6). "한화 금융계열사 LIFEPLUS, 디지털 미디어 전시". https://www.hanwha.co.kr/newsroom/media_center/news/news_view.do?seq=8456

09
영상 제작을 위한 AI 활용 방법

영상 콘텐츠 제작을 위한 기획 단계의 스토리 구성부터 콘티 이미지 제작, 시각 디자인, 편집, 영상 제작 플랫폼을 활용한 최종 출력까지 이제 AI는 단순한 보조 수단을 넘어 제작의 핵심 파트너로 기능하고 있다.

AI와 화장품?

영상 제작을 위한 생성형 AI 도구들

AI 기술이 영상 제작의 전 과정으로 확산하면서 단순히 "도구가 좋아졌다"는 수준을 넘어 콘텐츠 제작의 패러다임 자체가 바뀌고 있다.

과거에는 촬영 베이스의 영상이든 2D 혹은 3D 베이스의 영상이든 영상 한 편을 만들기 위해 기획자, 시나리오 작가, 촬영감독, 편집자, 디자이너 등 여러 분야의 인력이 오랫동안 공을 들였으며 이들 간의 유기적 협업이 필요했다. 이제는 각종 생성형 AI 플랫폼들의 발전으로 소수의 인원 또는 영상의 비전문가 1인 크리에이터도 기획부터 완성까지 AI와 함께 수행할 수 있는 환경이 조성되었다.

한 유튜브 크리에이터가 단편 다큐멘터리를 만들고 싶다고 가정해 보자. 그는 챗GPT나 클로드(Claude) 같은 언어 모델을 이용해 스크립트를 짜고, 미드저니(Midjourney)나 달리(DALL · E)로 장면 콘셉트를 시각화하며, 카이버(Kaiber)나 런웨이(Runway)로 실제 영상을 제작하고, 마지막으로 디스크립트(Descript)에서 음성 더빙과 편집까지 마무리할 수 있다. 플랫폼을 숙련되게 다룰 수 있다면 고객사의 요구에 맞춰 빠르게 이 모든 과정이 단 몇 시간 안에 끝날 수 있으며, 퀄리티 또한 제한적이지만 상업적으로 사용 가능한 수준이다. 새로운 콘텐츠를 만드는 과정을 조금 더 단계별로 도구 활용 측면에서 보자면 기획 단계에서 이제는 보편적으로 사용되는 챗GPT나 재스퍼AI(Jasper AI) 같은 생성형 언어 모델을 활용하여 사용자가 입력한 주제나 분위기에 맞춰 스토리 아이디어, 대본, 내레이션이 빠르게 생성 가능하다. 예를 들어 "미래 도시를 배경으로 한 감성적인 단편 애니메이션을 만들고 싶다"는 프롬프트만으로 캐릭터, 플롯, 장면 구성까지 제안 가능하며 기본 스토리 라인이 잡히면 계속해서 디테일을 다듬으며 이야기를 변형, 확장해 나갈 수 있다. 이후 장면 구성을 시각적으로 표현한 스토리보드 단계에서는 AI 기반 드로잉 도구들이 활용된다. 어느 정도 리터칭이 필요한 경우가 많지만 이야기 흐름의 큰 맥락과 스토리보드를 위한 아트워크 스타일을 위해 '스토리보드 히어로(Storyboard Hero)', '부어드(Boords)', '크록io(Krock.io)' 등을 활용할 수 있다. AI가 제공한 대본을 바탕으로 장면 단위를 자동 구성하거나, 생성형 이미지 모델과 연결해 스케치 스타일의 스토리보드를 생성할 수 있다.

스토리 보드가 정리되면 영상의 톤을 확인할 수 있는 스타일 프레임이 필요한데 이 단계에서는 텍스트나 러

프한 설명만으로 고퀄리티 이미지를 생성해 주는 이미지 생성 AI가 핵심 역할을 수행한다. 이미지 생성을 위한 AI 플랫폼으로 미드저니(Midjourney), 스테이블 디퓨전(Stable Diffusion), 달리3(DALL · E 3), 어도비 파이어플라이(Adobe Firefly) 등이 있다.

미드저니는 예술성과 스타일링에 특화되어 감성적이거나 화려한 이미지 생성에 강하며 프롬프트 해석이 섬세하고, 반복 사용 시 스타일 일관성 유지가 뛰어나다는 장점이 있는 반면, 이미지 수정 및 세부 조정 기능은 상대적으로 제한적이고 디테일을 직접 조정하기 어려우며, 구조화된 제어 기능은 다소 부족하다고 평가받는다. 또한 플랜에 따른 비용이 발생한다.

스테이블 디퓨전은 초기 설정이 복잡하고 기본적으로 제공되는 이미지는 설정과 모델 선택에 따라 퀄리티 차이가 많아 활용 숙련도에 따라 아웃풋의 차이가 클 수 있지만 그만큼 다양한 프론트엔드(UI)와 연동해 자유로운 사용이 가능하며 개인 서버에서 직접 구동 가능하다. 스테이블 디퓨전은 개인이 만들고자 하는 아트워크에 따라 커스터마이징 및 훈련에 적합한 만큼 세밀한 프롬프트 제어 등에 유리하다.

달리3의 경우 GPT-4 기반 챗GPT와 통합되어 있어,

대화로 프롬프트 없이도 이미지 생성이 가능하다. 미드저니나 스테이블 디퓨전과 다르게 자연어로 입력하며 문해력이 뛰어나 사용자가 직접 의도한 구도나 구성 요소를 설명하면 텍스트 삽입이 가능해 포스터, 인포그래픽 제작에 용이하다는 장점이 있는 반면, 전체적으로 조형적인 측면이나 반복 작업에서 스타일의 일관성 유지에 한계가 뚜렷하다.

어도비 파이어플라이는 어도비 계열 포토숍, 일러스트레이터 등과 완벽한 연동성을 제공하여 실무 활용도가 매우 높다. 상업적 사용 시 어도비 스톡(Adobe Stock)과 오픈 라이선스 이미지로만 구성되어 안전하다. 또한 텍스트투이미지(Text-to-Image) 외에도 텍스트 효과, 패턴 생성, 벡터 아트 생성 등 다방면 기능을 제공한다. 하지만 실무 활용성과 보안성에 초점이 맞춰져 있어 비주얼로서 이미지의 크리에이티브나 임팩트는 타 플랫폼에 비해 약하다는 평가를 받는다.

다양한 플랫폼을 활용하여 만든 아트워크는 영상의 전반적인 톤과 무드를 설계하는 데 핵심 역할을 한다. 이러한 과정을 거친 이미지로 아웃풋하는 플랫폼과 연동할 수 있는데, 대표적으로 런웨이 ML(Runway ML), 카이버 AI(Kaiber AI), 구글 비오 3(Google Veo 3), 피카 랩스(Pika Labs) 등이다. 각 플랫폼은 사용자의 필요와 목적에 따라 선택할 수 있다. 예술적인 영상에는 런웨이 ML, 간단한 이미지 변환에는 카이버 AI, 고품질의 사실적인 영상에는 구글 비오 3, 초보자나 간단한 애니메이션에는 피카 랩스가 적합하다.

각 플랫폼의 장단점을 살펴보면 런웨이 ML(Gen-3 Alpha)은 텍스트 및 이미지를 기반으로 고품질의 시네마틱 영상을 생성하는 AI 플랫폼으로, 립싱크 기능과 다양한 제어 옵션을 제공한다. 특히 사용자 친화적인 인터페이스로 초보자도 접근이 가능하지만 복잡한 프롬프트에 대한 이해도가 제한적이며 일부 고급 기능은 유료다.

카이버 AI는 정적인 이미지를 동적인 영상으로 변환하는 데 특화된 플랫폼이다. 뮤직비디오나 소셜 미디어 콘텐츠 제작에 적합하고 역시 사용자 친화적 인터페이스를 갖춰 비전문가도 사용이 간편하며 다양한 스타일과 합리적 가격이 무기다. 반면 고급 사용자들에게는 기능이 다소 제한적으로 느껴질 수 있다.

현시점 가장 진보한 영상 제작 플랫폼으로 생각되는 구글 비오 3는 텍스트나 이미지 입력으로 고화질의 영상을 생성하며, 음성, 배경 음악, 효과음 등을 통합하여 사실적인 결과물을 제공한다. 특히 복잡한 프롬프트에 대한 이해도가 높고 전반적인 영상 품질이 우수하지만 높은 구독 비용이 필요하다.

마지막으로 피카 랩스의 경우 초보자에게 적합한 무료 플랫폼인데 텍스트나 이미지를 기반으로, 짧은 애니메이션 영상 생성에 장점이 있으나 고급 기능이나 스타일이 제한적이라 실무에 활용하기는 어렵다.

자동 편집 플랫폼

영상 생성 플랫폼을 활용하여 아웃풋한 결과물을 편집하는 단계에서는 사실 기존 영상 제작 파이프라인의 그것과 같이 감독의 의도에 따라 편집자가 시퀀스를 자르고 붙여 진행하는 것이 대부분이다. 하지만 제한적인 범위에서 유튜브나 숏츠 콘텐츠 등에 자동 편집 플랫폼 활용이 확산하고 있다.

이미지에서 영상으로 그리고 그것을 자연스럽게 연결하고 수정하는 전환 효과, 색 보정, 자막, 사운드에 이르기까지 AI를 활용하는 과정이 빠르게 발전하고 있다. 대표적 플랫폼인 런웨이는 기존의 영상 편집 툴들과 달리, 머신러닝 기반의 영상 인식 기능이 매우 정밀하게 작동한다. 특정 인물을 자동 추출하여 배경을 제거하거나, 인물의 동작을 교체하거나 확대하는 등의 작업을 마치 사진 편집을 하듯 간단하게 수행한다. 젠2(Gen-2) 이후 버전에서는 “이 장면을 더 밝게”, “배경을 우주로 바꿔줘” 같은 자연어 지시만으로도 실제 영상이 변경되는 과정을 경험할 수 있다. 이는 시각 효과 작업의 복잡성을 크게 줄이며, 크리에이터가 더 창의적인 설계에 집중할 수 있게 한다.

디스크립트는 텍스트 기반 편집이라는 혁신적인 접근으로 많은 유튜버, 팟캐스터에게 각광받는 플랫폼이다. 영상 속 음성을 AI가 텍스트로 전사하고, 사용자가 그 텍스트를 지우거나 수정하면 자동으로 해당 장면의 음성과 영상이 함께 편집된다. 더 나아가 AI 보이스 클론 기능으로 부족한 음성 데이터를 보완하거나, 본인의 목소리로 추가 설명을 삽입할 수도 있다. 이는 말 중심의 콘텐츠에서 편집 시간을 극적으로 단축해 준다.

마지막으로 매지스토(Magisto)는 짧은 영상에 최적화된 자동화 툴로, 사용자가 이미지와 영상 클립만 업로드하면 AI가 콘텐츠의 성격을 분석하여 적절한 음악, 전환 효과, 자막 등을 자동 삽입한다. 제품 소개, SNS 마케팅 영상, 행사 스케치 등에서 반복 제작이 필요한 기업 사용자에게 유용하며, 일관된 퀄리티와 빠른 납품이 가능하다.

이러한 AI 기반 편집 도구들의 공통점은 사용자의 의도를 분석해 '알아서' 영상의 구성 요소들을 배치하고 완성도 높은 결과물을 도출해 준다는 점이다. 특히 전통적인 영상 편집에서 요구되던 컷 편집, 트랜지션 조정, 타임라인 정렬, 사운드 싱크 등의 세부 작업을 AI가 수행함으로써, 제작자는 콘셉트와 기획에 더 집중할 수 있다. 필자 개인적으로는 앞서 소개한 영상 관련 AI 플랫폼 중, 직접적인 시퀀스나 디자인을 다루는 것은 영상 디자이너 외 다른 전문가의 영역에 가깝다고 본다.

실무적으로 가장 유의미한 발전은 사운드 분야에서 나타나고 있다고 생각한다. 영상에서 시각만큼이나 청각 요소가 중요하다. 완성 단계가 아닌 제안 단계부터 배경 음악(BGM)이나 내레이션이 필요하기 때문이다.

일레븐랩스(ElevenLabs)는 매우 자연스러운 음성을 생성해 주는 플랫폼으로, 뉴스 내레이션, 오디오북 더빙, 광고 영상 대사 등에 활발히 사용되고 있다. 단순한 기계음이 아니라 상황에 맞는 감정을 실은 대사를 만드는 데 탁월해, 실제 성우를 고용하는 비용과 시간을 절감할 수 있다.

배경 음악을 AI가 작곡하는 시대가 열렸다. 사운드로(Soundraw)나 뮤버트(Mubert)는 영상의 분위기, 장르,

길이 등을 설정하면 이에 맞는 음악을 실시간으로 만든다. 사용자는 반복 청취 없이도 완성도 높은 트랙을 얻을 수 있으며, 상업적 저작권 문제가 없어 콘텐츠 제작자에게는 큰 매력이다. 이는 유튜브, SNS, 광고 등 짧고 다양한 포맷의 영상 콘텐츠에 적합하다. 또한 부미(Boomy), 아이바(Aiva), 앰퍼 뮤직(Amper Music) 등 AI 작곡 플랫폼은 감성 기반 음악 제작에 특화되어 있다. "잔잔한 피아노곡", "희망적인 오케스트라", "긴장감 있는 일렉트로닉" 등의 키워드만 입력해도 AI가 구성된 음악을 제공한다. 이 음악은 편집이 용이하고, 장면의 감정을 강조하거나 분위기를 형성하는 데 효과적이다.

앞선 사례처럼 근래의 생성형 AI는 영상 제작의 다양한 단계에서 창작자와 협업하며, 효율성과 창의성을 동시에 향상하고 있다. 제한적으로 사용되던 생성형 AI는 최근 제작 분야 전반에서 활용되고 날이 갈수록 그 범위가 확대되고 있다. 제품이나 서비스를 홍보하고 싶은 고객들도 대행사나 제작사의 규모와 상관없이 빠른 기획 및 구성, 제작을 위한 공감대로 생성형 AI와의 협업을 요구하고 있는 실정이다.

10
AI와 영상 제작의 미래

인간의 모든 혁신은 상상에서 시작된다. 인류는 과거의 경험에서 배운 것을 현재의 기술과 통찰로 이어 붙이며, 미래를 예측하고 만들어 왔다. 지금 우리가 마주한 생성형 AI의 등장은 단순한 기술 도구의 발전을 넘어 크리에이티브 작업 전반에 사고방식과 작업 구조의 전환점이 되고 있다.

종교와 AI?

AI와 창작 환경의 변화

AI와 영상 제작의 미래는 단순히 자동화나 효율 향상이라는 기술적 진보를 넘어, 디자이너와 영상 제작자 중심의 창작 환경으로 진화하고 있다.

과거에는 영상 콘텐츠를 제작하기 위해 숙련된 편집자, 그래픽 디자이너, 작가, 사운드 엔지니어 등 다수의 전문가들이 긴 시간 협업해야 했다. 그러나 이제는 AI가 그 역할의 일부를 맡아, 창작자의 '기획'과 '연출' 역량이 중심이 되는 새로운 창작 구조가 형성되고 있다.

이 변화는 AI가 단독으로 콘텐츠를 만드는 방향이 아니라, 디자이너와 영상 제작자의 상상력과 시각 언어를 잘 이해하고 보조하는 방식으로 진화하고 있다는 점에서 주목할 만하다. 예를 들어 디자이너가 색감, 구도, 감정을 중심으로 한 키워드를 던지면 AI는 그에 맞는 콘셉트 아트나 영상 이미지를 제시한다. 영상 제작자가 특정한 연출 의도를 설명하면, AI는 장면 전환, 카메라 무빙, 배경 음악까지 제안할 수 있다. 이처럼 AI는 '기획자-디자이너-제작자'의 언어를 학습하고, 그들의 의도를 시각적으로 번역하는 창작 어시스턴트로 자리 잡고 있다.

또한 각 영상 제작자의 스타일과 철학을 반영할 수 있는 맞춤형 AI 모델의 훈련도 가능하다. 특정 브랜드의 영상 스타일이나 작가의 미장센을 학습한 AI는, 이후 비슷한 스타일을 빠르게 복제하거나 새로운 응용안을 제안할 수 있다. 이는 반복 작업의 부담을 줄이는 동시에, 창작자의 고유한 시각 언어를 확장 가능한 콘텐츠 자산으로 전환한다는 점에서 큰 의미가 있다.

AI가 영상 제작자와 디자이너의 도구를 넘어서 창작의 파트너가 되는 흐름 속에서, 크리에이터는 점점 더 기획과 감성, 구조 설계에 집중하게 된다. 시각화와 구현의 부담이 줄어드는 만큼, 본질적으로 더 많은 실험과 아이디어의 확장이 가능하다. 이는 '디자인 중심의 창작', '감성 기반 영상 제작'이라는 새로운 크리에이티브 트렌드를 가능하게 만드는 토대다.

결국 AI의 미래는 기술의 진보가 아닌, 창작자의 시선에 얼마나 가까워질 수 있는가에 달려 있다. AI는 인간의 창의력을 대체하는 것이 아니라, 그것이 더욱 풍부하고 넓게 펼쳐질 수 있도록 공간을 여는 존재가 되고 있다.

AI의 발전에 따른 영상의 숙제

기술은 언제나 인간의 상상에서 시작되어 현실을 바꾸는 도구였다. 인류는 증기기관으로 산업혁명을 이루었고, 전기와 인터넷으로 생활의 틀을 바꾸었다. 그리고 지금 AI는 이전의 속도와는 비교할 수 없을 정도로 빠르게 발전, 보편화되고 있으며 그 중심에 있는 생성형 AI는 다시 우리 사회에 큰 변화를 가져오고 있다. 이러한 변화는 단지 더 빠르고 편리한 도구를 넘어 산업구조, 사회, 문화 그리고 인간의 사고방식과 창작의 구조, 나아가 인간의 정체성까지 되묻게 한다. 하지만 기술의 발전은 언제나 책임이라는 질문을 동반한다. 기술이 우리 사회에 어떤 영향을 미치는지, 누구에게 이득이 돌아가고 누구에게 위험이 가중되는지를 면밀히 살펴야 한다. 특히 AI가 창작, 노동, 인간관계의 영역까지 침투하는 지금, 우리는 그 사용 방식에 윤리적 기준과 사회적 책임을 함께 부여해야 한다.

생성형 AI 기술의 비약적인 발전은 영상 디자인과 콘텐츠 제작의 방식 자체를 근본적으로 변화시키고 있다. 텍스트 한 줄, 이미지 한 장으로 고해상도의 이미지를 생성하거나, 짧은 시간 내에 고퀄리티 영상까지 제작 가능한 시대가 열리면서, 디자이너와 영상 제작자들은 더 넓은 상상력을 실현할 수 있는 강력한 도구를 손에 넣게 되었다. 하지만 이 기술은 창작의 효율성이라는 긍정적 효과만큼이나, 다양한 윤리적, 법적, 사회적 숙제를 동반하고 있다.

가장 대표적인 문제는 표절과 저작권 침해다. 대부분의 생성형 AI는 인터넷에 공개된 수많은 이미지, 일러스트, 영상 등의 데이터를 기반으로 학습한다. 이때 작가의 동의 없이 수집된 창작물들이 데이터 세트(Data Set)로 활용되며, AI가 생성한 결과물이 원작자의 고유한 스타일이나 표현 방식을 모방하게 된다. 사용자는 이것을 새로운 창작물로 인식하고 상업적으로 사용하지만, 그 배경에는 명확하지 않은 저작권 소유 문제가 도사리고 있는 셈이다. 실제로 여러 일러스트 작가나 사진가, 영상 디자이너 들은 자신이 만든 이미지와 유사한 작품이 AI에 의해 생성되고 있음에도, 이를 제어하거나 저작권을 주장할 수 없는 상황이다.

더 심각한 것은 AI가 사회적으로 해악을 끼치는 방식으로 악용되는 경우다. 대표적으로 딥페이크(Deep Fake)나 페이스 에디팅(Face Editing) 기술을 이용한 콘텐츠 생성과 명예훼손이다. 유명인의 얼굴을 합성하여 음란물을 만드는 등의 범죄가 점점 정교해지고 있으며, 일반인도 피해자가 될 수 있다. 생성형 AI 플랫폼 중 일부는 이러한 콘텐츠를 막기 위한 제재 장치를 도입하고 있으나, 필터링을 우회하거나 소규모 오픈소스 플랫폼에서 무분별하게 생성되는 경우도 적지 않다. 또한 AI의 학습 데이터는 역사적 편향과 사회적 불균형을 그대로 반영하기 때문에, 차별과 편견의 재생산이라는 심각한 문제로 이어질 수 있다. 예컨대 AI가 '리더'나 'CEO'를 이미지로 생성할 때 백인 남성 위주의 결과물을 반복적으로 내놓는다거나, '간호사'나 '비서' 같은 직업에는 여성만을 묘사하는 일이 반복된다. 이는 AI가 학습한 기존 사회의 고정관념을 그대로 답습하는 것으로, 다양성과 포용성을 해치는 결과를 낳을 수 있다.

이처럼 AI 기술이 사회 전반에 미치는 영향은 단지 기술 내부의 문제가 아니라 사회 구조와 인권, 표현의 자유와 그 한계에 대한 질문으로 확장된다. 이에 대응해 유럽연합(EU)은 2024년 세계 최초로 AI 규제법 'AI법(AI Act)'을 통과시켜, 고위험 AI 시스템에 대한 엄격한 사전 허가제와 책임 추적 체계를 마련했다. 특히 딥페이크 콘텐츠나 감시 시스템, 채용을 위한 AI 등에 대해 투명성과 사용 목적 고지를 의무화했다. 국내에서도 이에 준하는 가이드라인을 만들고 있으며, 문화예술 분야에서는 AI 저작물에 대한 명시, 학습 데이터 출처 공개, 원작자 보상 시스템 도입 등의 제도적 논의가 활발히 진행되고 있다.

AI 기반 창작물이 점점 인간 창작물과 구별되지 않게

될수록, 우리가 마주하는 질문은 점점 더 복잡해질 것이다. '누가 창작자인가', '무엇을 보호할 것인가', '표현의 자유는 어디까지 허용되는가'라는 본질적 고민은 기술 발전의 속도에 맞춰 더욱 선명해지고 있다. 생성형 AI는 분명히 창작자에게 새로운 기회를 열어 주는 도구지만, 그 도구를 사용하는 인간이 그 책임과 기준을 함께 가져가야 한다.

AI법의 등장

유럽연합은 2024년 7월 12일, 세계 최초의 포괄적인 AI 규제법인 'AI법'을 공식 발표하였으며, 이 법은 당해 8월 1일부터 발효되었다. 이 법은 AI 시스템의 안전성과 투명성을 보장하고, 기본권을 보호하며, AI 기술의 책임 있는 개발과 사용을 촉진하기 위해 제정되었는데 주요 내용으로는 그 위험 수준에 따라 4가지 분류 체계로 나뉜다.

가장 높은 등급인 허용 불가 위험(Unacceptable Risk)은 사회적 신용 점수화, 무의식적 조작, 실시간 공공장소 생체 인식 등을 전면 금지한다. 고위험(High Risk)은 의료, 교육, 고용, 법 집행 등 분야에서 사용되는 AI는 엄격한 요건을 충족해야 한다는 내용이며, 위험 관리 시스템,

투명성, 인간 감독 등의 내용을 담고 있다. 제한적 위험(Limited Risk)은 챗봇, 딥페이크 등은 사용자에게 AI와 상호작용하고 있음을 명확히 알려야 한다는 내용이며, 최소 위험(Minimal Risk)은 스팸 필터, 비디오 게임 등은 규제 대상이 아니지만, 기존 법률을 준수해야 한다는 내용을 담고 있다.

일반 목적(GPAI, General-Purpose AI)으로 사용하는 GPT나 라마(LLaMA)와 같은 범용 AI 모델은 투명성, 데이터 사용 공개, 저작권 보호 등의 의무를 지며, 고성능 모델은 추가적인 평가를 받아야 하는데 이는 EU 내에서 AI 시스템을 개발, 배포, 사용하는 모든 주체뿐만 아니라, EU 외부에서 개발되었더라도 EU 시장에 제공되는 AI 시스템도 규제 대상으로 정하고 있다. 이 규정을 위반 시 최대 3500만 유로 또는 전 세계 연간 매출의 7%에 해당하는 벌금이 부과될 수 있다.

참고문헌

EU Artificial Intelligence Act. https://artificialintelligenceact.eu/

European Commission. European approach to artificial intelligence, AI Act. https://digital-strategy.ec.europa.eu/en/policies/regulatory-framework-ai

문지웅

계원예술대학교 영상디자인학과 겸임교수다. 홍익대학교 영상커뮤니케이션대학원 영상디자인과 전공 "아나모픽 일루전을 활용한 디지털 옥외광고(DOOH)의 입체감 유형에 따른 시각적주의 연구"로 석사 학위를 받았다. 영상 스튜디오 언아더의 대표를 지냈으며 현재 영상 전문 에이전시 래빗워크의 크리에이티브 디렉터이자 본부장이다. 디지털 에이전시 디자인피버 영상조직 디렉터(2007~2023), UX/UI 전문 에이전시 리즘인터랙티브 인터랙션팀 팀장(2011~2012)으로 근무했다. 삼성전자 갤럭시 언팩행사 제품 소개 메인 콘텐츠의 영상 파트 디렉터로 참여했고(2016~2021) 이 외 MX사업부, VD사업부, DA사업부, 디자인경영센터 등에서 진행하는 프로젝트를 디렉팅했다. LG전자, 하이브(HYBE), 렉서스, 슈퍼셀(Supercell), 현대자동차 등의 다수 프로젝트에 참여했다. 2018/2022 레드닷 어워드 필름 부문, 2020 아이에프 디자인 어워드 필름 및 커뮤니케이션 부문, 2022 아이에프 디자인 어워드 브랜딩 및 커뮤니케이션 부문 외 다수의 상을 수상했다.